日々の畑の労作、毎月定例の日和田山の山あるき。
夏は源流で川あそびや磯あそび。そして富士山へのひとりだちキャンプ。
冬は黒姫へスノーキャンプ。
園外に出かけ、自然を満喫します。

生きる力を育む

自然の教育

Learning from nature: our philosophy for early childhood education

佐藤朝代 編著

ひとなる書房

はじめに――幼児期の生きる力と自然体験

子どもたちの活動の場となっている林で、ある日地面にあいた不思議な穴を見つけました。「なんだろう?」「誰があけたんだろう?」好奇心がムクムク湧いてきます。さっそく落ちている枝を差し込む子、穴の周りを掘り返す子、中をのぞき込む子。「つづいているぞ!」。差し込んだ枝が途中までしか入らないのを見て取った子どもたちは、もっと長い枝はないか、細い枝はないかと林中に散っていきます。あれこれ試してみますが、どうも穴は曲がりくねっているようで、どれもうまくいきません。夢中になった子どもたちは穴の正体をどうしても確かめたいようです。

次の林行きの際、保育者はビニールホースを園から持って行きました。子どもたちが差し入れると、スルスルとどこまでも入っていきます。驚く子どもたち。穴の曲がり具合に検討をつけてみなして地面を掘り返していくと、縦横に続く小さなトンネルの存在が明らかになったのでした。すでに何となく正体の見当がついた子どもたちもいます。お家で聞いてみたり、図鑑を調べっこして確かめ合った子どもたちは、後日動物園に行き、目の前でトンネルの中を走り回るその生きものに出会い、大感動! この体験はその後お話づくり、人形を作って人形劇へ、さらに……と一年を通して活動が発展していくのですが、詳しい顛末は1章で紹介します。

＊

子どもたちは生まれたときから一個の人間として尊重されるべき存在です。そのうえで、私たち幼児を育てることに携わるものは、

・生きとし生けるものの命の重さ、かけがえのなさを感じ取れる心
・困った人がいたら心を寄せて、助けてあげたくなる、人に優しい気持ち
・自分の気持ちや考え方を伝えたり表現する力、相手のそれを聞き取り対話する力
・危険を感じ取り、予期せぬことにも対応できる、しなやかなからだ
・あきらめないで困難に立ち向かう力、目標を持って乗り越えようとする力
・生涯にわたって続く学びへの構え（学び続ける意欲）

といった、人間らしい情操や「生きる力」の土台を育んであげる責任があります。

しかしそれは、子どもたちにそのことの大事さや必要性を、ことばや文字で知識として教え諭すことではありません。五感や脳が活発に刺激される、楽しさや好奇心に満ちあふれた日々の生活やあそび・活動の体験を通して、子どもたちが自ら感じ取っていく、学び取っていくことによって初めて身についていくものです。

私たちはこうした幼児教育の目的と幼児期の育ちの特性を考えたとき、自然体験を要にした「自然の教育」こそが、もっとも大切にされるべきことだと思い至り、開園以来その活動を土台にすえてきました。

人は自然の中に身をおくとなぜか安らいだ気持ちになります。人間は自然の一部であるという証

でしょうか。まるごとが生きており、命の存在を教えてくれます。空気や光の変化、匂い、植物や生きもののもたらすたくさんの刺激が、子どもたちの五感に働きかけます。感じ、気づき、好奇心をかき立てられた子どもたちは、考え合う・学び合う面白さを知っていきます。一方で、可塑性に富んだたくさんの素材と環境の中では、子どもはそれぞれ力に応じて自分たちの発想で創造性に満ちたさまざまなあそびや活動を作り出していくことが可能です。冒険に挑戦したり、その中で危険回避の力を身につけていく体験もできます。自然は、幼児期の育ちの特性にあった、最もすぐれた教材です。

＊

本書は、けやの森学園の「自然の教育」の実践を、主として年長児を中心にまとめたものです。

1章は、日常的な活動の場となっている林での保育実践です。四季折々に変化する一万坪の広大な自然が、子どもたちの中に何をどのように育んでいるのか振り返ってみました。

2章は、特別な自然体験です。年長児の夏の富士登山（ひとりだちキャンプ）と冬のスノーキャンプの取り組みです。一人ひとりがその時、持てる力の限りを発揮して困難に立ち向かい、かっとうを乗り越える体験と、心ゆくまで大自然の神秘や豊かさを満喫して楽しむ体験です。

3章は、年長児の自然体験を土台にして、総合的活動が展開される一年間の記録です。学ぶ意欲の形成や表現活動につながる実践と、子どもたちの成長する姿です。幼児期の「自然の教育」の全体像を紹介します。

4章は、「生きる力と自然の教育」についてのまとめと、家庭との連携です。子どもが安定して成長していくにあたって、園と家庭の信頼・協力関係は欠かせません。実際のエピソードを通して私たちの取り組みを紹介します。

＊

学齢期の子どもを対象にした国際的な比較調査では、日本の子どもたちの特徴として「自己肯定感が低い」こと「知識はあるが思考力や表現力が乏しい」ことがあげられていて（ＯＥＣＤ調査など）、私自身現場でそのことを年々実感するところでもあり、日本の教育のあり方が問われているのだと思います。

また、二年前の東日本大震災と原発事故による悲劇は、これまでの価値観をくつがえすほどの大きなショックを私たちに与えました。肉親や親しい人、教え子を亡くされた方々の喪失感や苦悩は、はかりしれません。二万人余の犠牲者のお一人おひとりの命の重みとかけがえのなさを見聞きするにつけ、ただただ、頭をたれて祈るばかりです。住む所も人のつながりも、仕事も故郷も自然さえも、それまであった生きる糧をすべて断ち切られ、避難生活を続ける膨大な人々、消えることのない被爆の危険から身を潜めるように暮らす人々。私たちの園でも昨年、福島の保育者の方においでいただき、その体験やご苦労を職員・保護者ともどもお聞きしました。

いま、子どもたちのみならず私たち大人も、命の重みを受け止め、人間らしく生きる力が問われている時代なのだと思います。

本書が、これからの幼児教育・保育を考え実践しているみな様にとって、いささかでもお役に立てば幸いです。

なお、本書と時期を同じくして、けやの森学園での「自然の教育」カリキュラムの詳細を紹介する本も刊行いたしました。あわせてお読みいただければありがたいです。

フレネ学校との交流を終えて帰国した日、東日本大震災から二年目の三月一一日に合掌しつつ

佐藤　朝代

『「自然の教育」カリキュラム　年少編　ふれる・感じる・気づく』
『「自然の教育」カリキュラム　年中編　ふしぎの心をふくらませる』
『「自然の教育」カリキュラム　年長編　冒険する・仲間と学びあう』
（三冊ともにB５判一二〇～一二八頁、オールカラー）

※本書に登場する子どもの名前は仮名です。

もくじ　生きる力を育む自然の教育

1 章

五感を耕す

林のあそび

けやの森学園は、都心から小一時間の埼玉南部地区に位置し、一級河川・入間川の清流と武蔵野の自然に囲まれた狭山市にあります。狭山市は、東京近郊の野菜の産地であると共に明治時代は製糸業も盛んな地でした。また、市名の由来である「狭山茶」の生産量が多く、日本三代銘茶として特産物にもなっています。南部の台地には、第二次世界大戦前から陸軍航空士官学校が建ち、戦後はアメリカ軍基地に変わり、現在は航空自衛隊入間基地となっています。その狭山市の西部、飯能市や入間市と隣接する水富地区に、私たちのけやの森学園があります。真言宗智山派の明光寺の一角に園舎を構え、境内そのままを園庭としているため、樹齢数百年のけやの大木が天に向かってそびえ立ち、四季を通じていろいろな様相で子どもたちを見守ってくれています。

周辺の自然環境としては、入間川の河原や畑があります。日の光を浴びて風を感じ、土にふれることをあそびの基本にしています。また、一週間に二日は、園バスで一五分位の日高市大谷沢にある林に出かけていきます。一万坪という広大な林の中で、四季の変化を感じながらいろいろな生命にふれています。子ども自身の気づきを共有したり、子どもたちが気づくように職員がアクションをおこしたり、自然の営みの中に身を置いて感じる心を大切にしています。健全な林の生態系を守るために、子どもばかりではなく保護者も一緒に活動し、積極的に林の維持管理に加わってもらっています。

そのほか、入間川の上流に出かけ、川の危険を知ったうえでダイナミックに水の流れに身を投じてスリルを味わったり、特に年長児は、富士登山の足慣らしを兼ねた日和田山への月一回の山登りも定着してきました。秋からは年中組も同行して富士山への気構えも養います。年長になると夏は富士登山、冬はスノーキャンプと宿泊をともなう冒険キャンプにも出かけていきます。

日常的な活動、そして非日常的なプログラムを通して本物の自然にふれ、これからの社会を担っていくための知恵や力を養っていくのです。

四季を通して林であそぶ

林の活動のはじまり

私たちがお借りしている平地林は、かつての里山の名残です。園のある埼玉県西部にはまだいくつかそうした場所が残っています。一般的に里山とは、農業によって生活を支えていた時代に生まれました。つまり資源が循環する場でした。冬に葉を落とす落葉広葉樹のコナラやクヌギなどを伐採して薪や炭材にしたり、落ち葉をたい肥にしたりしてきました。その結果明るい林となり、春から夏にはスミレやカタクリ、シュンランなど小さな植物も多く生息していました。植物の種類が多ければ、そこに住む生きものも多く出てきます。昔の人の生活には欠かせない林だったので、利用し続けることでその状態を保ってきたのです。人が関わることで維持されてきた里山が、昭和三〇年代頃から誰も入らない里山となっていきました。それは、木材から石油、電気というエネルギー革命で林を必要としなくなったからです。そればかりか、農家の高齢化や後継者不足の影響を受け、農林業従事者の急速な減少によって、里山は日本中どこでも危機的な状況になっていったのでした。

林をお借りすることになったいきさつは、一九九七（平成九）年に「けやの森自然塾」（卒園後も自然体験をさせたいという保護者の要請ではじまった会。ＮＰＯ法人）でおこなった「アドベンチャーカヌーツアー」がきっかけでした。園の付近を流れる入間川の源流から出発して、東京湾までの子どもカヌー隊三〇名（小中学生）による川下りは、一週間かけての大冒険でした。子どももさることながら大人のほうが大いに発奮して無事東京湾までたどり着いたのでした。川下りは、入間川の生きものや水質について調べる調査隊も同行しました。

このカヌーツアーは参加した子どもたち大人たちに大きな感動を与えると共に、自然について学ぶことがたくさんありました。からだで感じて学んだことは、その後の子どもたちの生活に生かされていくことになりました。その一つに、汚れていない源流付近の川の水を浄化することで、水道水を使わなくてもよい生活ができないかという構想がありました。

山登り遠足や川あそび遠足だけでなく、日常的にもっとたっぷりと自然体験を保障してあげたいと願っていた園長は、その源流近くに土地を求めて、折にふれて子どもたちが自然の中であそび生活する小舎などを造れないものかと考えました。カヌーツアーをきっかけに、私たちの活動に理解を持っていただいた源流付近の各村長さんや市長さん方が「ここはどうか」と活動の場を提案してくださいました。しかし、見学に行ってみると、そこは、あまりにもうっそうと杉や檜が繁る、陽も差さないような所でした。

ある時、「日高の林はどうか」と隣町の入間市の助役さんに紹介されたのが、現在私たちが使わせていただいている林でした。そこは、手入れが行き届き、イチゴやシュンランも自生していて、ウサギのフンも落ちていました。林の中にところどころに凹凸があるのは川の跡で、昔は沢があちらこちらにあったそうです。豊かな一万坪もある林は、子どもたちが活動するにはもってこいの場所でした。入間川の水を浄化して生活に生かすという夢は叶いませんでしたが、私たちはこの林がすっかり気に入りました。

それからは、一週間に二回ほど活動の場として足を運んでいます。園からは通園バスで一五分ほど北に行ったところにあります。私たちが保育の場としてお借りするようになって、地主のおじいさんに代わって園長自らチェンソーで木を伐採しながら萌芽更新させ、活動の場をあちらこちらに移して、見通しのよい林を保育者のみならず保護者も交えてみんなで維持しています。その結果、春は木々の芽吹きも勢いよく私たちを緑に包んでくれています。そしてそこに蝶やカエル、カナヘビなどが姿を現し、子どもたちはいろいろな虫や生きものにふれながら、コジュケイやムクドリな

五感を研ぎ澄ませて林の探索

どのさえずりを耳にし、林の息吹を感じています。

四月、まだ入園間もない年少組の子どもたちと林に行ったとき、初めての集団生活への戸惑いと、お母さんから離れる寂しさとで「おうちに帰りたーい」と大声で泣いていた子どもが、ふと気がつくと静かに春の林の中を歩いていました。何かに引き込まれるように、ごく自然に林に溶け込んで歩いているのです。郷愁を漂わせるような穏やかな気持ちにさせる林の魔力を感じたことがありました。

また、小さなペアさんと手をつなぎながら散策したとき、カシャカシャと音のする場所がありました。すかさず「木の枝がパキパキ折れる音がして……」とウクライナ民話の『てぶくろ』のお話の一節を唱え出す子がいました。「エッ、クマが出てくるかな?」と周りをキョロキョロ見回す子もいました。子どもたちの大好きな絵本のイメージと音の感覚、林の雰囲気とがマッチした瞬間でした。同じ林の中でも、場所によって、落ち葉がたくさん落ちているところ、土の表面が硬いところ、フカフカと盛り上がっているところなど、歩くだけでも足もとからその違いを楽しむことができます。

フッとフカフカの土に足を踏み入れた子が「ずっこんだぁ！」ということばを発しました。「エー、何それ？」とはやし立てて集まってきた子どもたちが、同じく足を踏み入れたら「ホントだ！　ずっこむね！」と盛り上がっていました。今まで聞いたことのないことばに保育者のほうが驚いて「そのことば知ってたの？」「前に使ったことあるの？」と聞いてみると「今、初めて使ったんだよ」。自分たちで得たフカフカ感、その一致した感触の新語が生まれたのでした。からだで感じた印象がとっさにことばとして出てきたことにも驚きましたが、それをまた、子どもたち同士で自然に納得して共有してしまうところが子どもたちのしなやかさだと感心しました。そのつど、子どもたちの発する一言に注目して、リアルな表現にドキッとしたり、聞き入ったり、大笑いしたり……子どもの自然な捉え方に新鮮な感銘を受ける私たち保育者です。


またある日、地面に小さな穴がたくさんあいている場所があるのに気づきました。

「こんなにたくさん穴があいてる」

「何の穴？」

「アッ、見て！　アリが出てきた」

「こっちからも」

子どもたちがアリの巣を見つけたようです。

「ワァーこっちにたくさんいるよ！」

「アリの巣って入口と出口が違うのかな？」

「そうだよね。だってこんなに穴があるんだもん」

「でもさ、たくさんあってどこが入口かわからなくならないのかな？　ぼくだったら迷子になっちゃうよ」

「もしかしたら、地面の中でつながっているんじゃないかな？」

「どこからはいってもおうちに行くんじゃない」

「ああ、そっか」

子どもたちの頭の中で自分の生活と重ね合わせながら、地面の下の世界にも興味を持ち想像をふくらませていくのでした。


とにかく林は四季折々に変化する生きものの宝庫です。日頃の生活圏ではあまり目にしない植物や昆虫、小動物、肌で感じる風の向きや勢い、陽の光や陰、温かさ冷たさなどなど多様性のある豊かな素材であり、何をとっても生きた教材です。

そしてその林から、伝統的な、生活に密着した先人の知恵の見事さや、自然の営みと私たちの生活との調和があることを、これからの未来を担う子どもたちに伝えていかなければならないと感じています。

春のプレイデイ

春は自然と出会い、なじみ、その中で人と人が親しくなることを意図します。木々の芽吹きや新しい命の誕生があり、林の活動が盛んになるときです。爽やかな風に気持ちも軽く、そこにいるだけでリフレッシュできる空間になります。

乳児も木陰でお昼寝をしてしまうほど、安心して心落ちつける場所になっています。「虫は大丈夫なの？」と心配される他園の先生方もおられましたが、林の環境に素のままに身を任せることによって、強い心身の育みにもつながります。ただ、こういう場所に慣れていない初めての子どもにとっては、しばらく「虫がいるから怖い林」という印象をもち、登園さえ拒む子どももがいるのも正直なところです。そういう子どもたちも定期的に林へ行くことによって、いつのまにか生活の一部としてなじみ、心地よさを感じられるようになっていきます。

子どもたちの保育の場として活用しているこの林を、園児ばかりではなくその家族にも知っていただきたいという思いで四月初めての大行事、「春のプレイデイ（親子交流遠足）」を林で行っています。

事前に図のような手紙を配布し、参加人数を把握しておきます。仲よくなってもらうことが目的

春のプレイデイ

目的	林の心地良さを感じながら子ども同士、親子・家族同士、職員との交流を深めましょう。
日時	4月21日（日）雨天時は園にて親子で制作をします。 雨天時は7時に連絡網が回ります。
集合	8時50分　現地集合　駐車場は正法寺です。 都合のつかない方は園からバスで送迎します（別途料金一人100円）
解散	13時30分
内容	グループごとに課題をこなしながら、おやつをゲットしましょう。
服装	子どもは林の服装（ジャージ、長そでシャツ、バンダナ、防寒具、帽子） 大人も子どもに準じた服装、運動靴
持ち物	着替え一式、水筒、大人用マイカップ、雨具、軍手、敷物、おしぼり、タオル、ゴミ袋、チリ紙、防寒具、白飯（タッパーに入れてお持ちください。カレーを用意します）、果物
諸注意	保育の一環となりますので、全員の方が参加できますよう協力してください。駐車場は奥から順に詰めてください。 当日の連絡は、園の携帯にしてください。

なので、活動を通して家庭同士の関わりが深められるような内容を保育者のほうで考えておきます。四月にスタートしたペア同士の組み合わせを合体して、一グループの人数を一二、三人程度にして、毎年一五ほどのグループができます。赤ちゃんや小学生の兄弟のいる方やクラスの偏りなどがでないよう、また、リーダーとして率先してグループを引っ張ってくれる方の見当もつけて、保育者のほうでグループ分けを行います。

当日は、職員は朝早く集合し、各分担の仕事をこなしていきます。駐車場や受付の準備、案内表示を立てる、荷物置き場や簡易トイレを設置、活動の準備や仕掛けのセッティング、火をおこしカレーライスの準備をはじめるなどなど。そうこうしているうちに、家族が揃い子どもたちの声が林に響いてきます。

当日のタイムスケジュール

9:00　開会、園長挨拶、今日の活動の主旨と流れの説明
9:20　各グループに分かれる
自己紹介、林の探検　メンバー表とタイムスケジュール、グループの旗をもらう。
9:40　ビンゴカードを受け取り、ビンゴゲームのスタート
・グループに一枚ずつ、虫や植物、木の実、葉っぱなどの写真が入った3×3マスのビンゴカードを持ち、皆で探して歩く。（子どもたちは一枚ずつ持てるよう用意する）見つけた物は自己申告または、写真を撮ってグループの保育者に報告する。
・園で事前に用意しておいた8アイテム（マッチ、アルミ箔、竹串、紙コップ、網、新聞紙、マシュマロ、バナナ）をラインを見つける度に1つずつ獲得していく。
（最高9ライン揃ったら、パーフェクト賞でビスケットがもらえる）
・ビンゴが揃った所から、グループごとにおやつをいただく。
・おやつ後は、各グループで林の枝拾い等の清掃を行う。
＊おやつ：竹串に刺したマシュマロを火にかざして溶かす。そのまま食べるかビスケットに挟んで食べる。
11:00　まとめ
・感想発表、チームワーク賞発表
・林の活動についての話し
・昼食の説明
11:20　昼食（グループごとにまとまっていただく）
・全員で配膳
・インタビュー
12:30　父母総会（セルフサービスで父母会が準備してくれたコーヒーを飲みながら総会に出席する）
・子どもたちは栗林の辺りで保育者と活動している。
・新旧父母会役員、係のリーダー、父の会役員を囲み、今年度の活動について話し合う。
13:30　解散
・子どもと手をつないで挨拶を交わし、帰路に就く

＜雨天の場合＞
9:15　親子で園舎集合
9:30　クラスごとに朝の会
「親子で誕生祝いのペンダント作り」
10:30　父母総会
12:00　終了解散

お父さんたちの協力で大規模な遊具づくり

この活動の間、子どもから離れることができる父たちには、よく乾かした間伐材を使って子どもたちのために安全で、少し高さがあるスリリングな遊具を作ってもらいます。「パパが作ってくれたんだ」と大喜びで新しい遊具に群がる子どもたちの姿にパパたちもご満悦です。

その後は、グループごとに昼食です。林で調理したカレーライスをほおばり、すっかり打ち解けたグループの方たちとおしゃべりをしながら過ごします。活動後の空腹感に加えて、この林の爽快感やたっぷりあそんだ満足感によって、毎年四〇〇食用意するカレーもアッという間に空っぽになってしまいます。

昼食後、子どもたちは保育者とからだを使ってもうひとあそびします。その間、保護者は別のスペースで父母総会を行うことが定例になっています。父母会の役員で用意してくれたコーヒーを飲みながら、前年度の父母会、父の会、係（子どもたちのよりよい環境を整えることを目的に、お母さんたちの得意な分野に分かれて援助していただいています。たとえば、裁縫、調理、栽培、畑、図書係など。活動を考え楽しくコミュニケーションをとりながら実行するのですが、実はお母さん方にとっても大きな学びの機会になります）のリーダーの活動報告と、今年度の新役員の紹介があります。

このスタートで父母同士も顔見知りになり、一年の活動がスムーズに運営されるのです。

夏の林は生きものがいっぱい

夏は発見と探求の時期です。

木漏れ日を浴びながら虫たちの活動も活発になり、それにともなって、子どもたちの意欲的な発見や気づきが増えてきます。アチコチにいるアマガエルやシュノーゲルカエル。自分の手で捕まえて可愛がったり、五匹も六匹も捕まえて、指と指の間に挟んで見せたり、ピョコピョコ跳んでいるカエルを上手に素手で捕まえる子どもたちの素早さは見事です。そのうち、

「どうしてこんな所にいるのかな?」

「どうしてカエルによって色が違うのかな?」

「カエルって何を食べているの?」

と、次つぎと湧いてくる疑問に、園に戻って図鑑で調べる姿があったり、家庭で父母と一緒に調べてきたり、「知りたい」欲求が次の行動を起こし、解明していくエネルギーに変わっていきます。

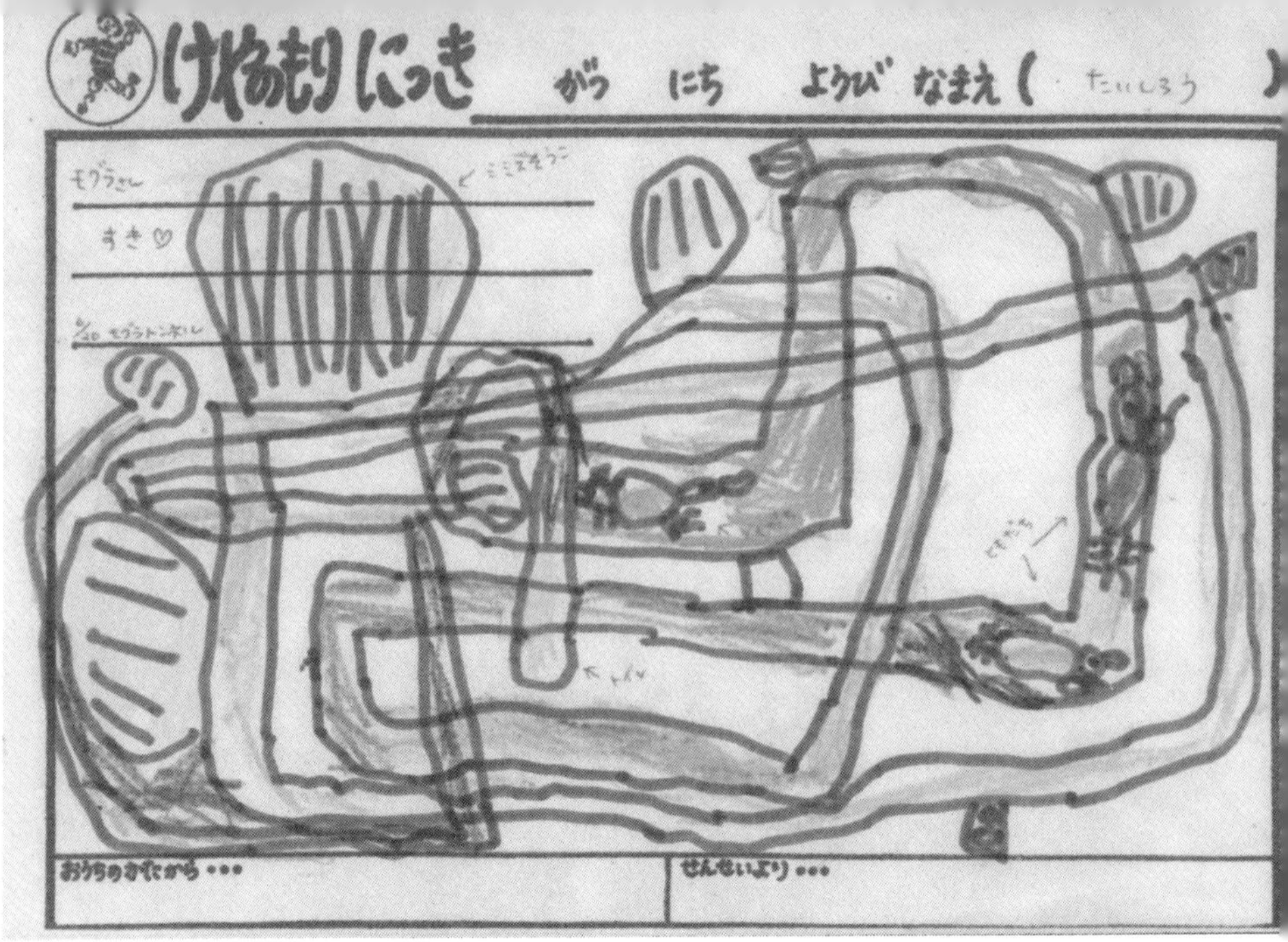

モグラのトンネル　「ミミズの倉庫」や「トイレ」も描かれている

次に林に行ったときには、

「知ってるよ、ボク調べたら、カエルは動く虫を捕まえて生きているんだよ」

「だから、草のかげでジーッとして獲物を狙っているんだよ」

などと、得意げに友だちに伝えている姿があります。自分の知識を友だちに伝える姿や、真剣に聞く姿もあり、学びが広がっていくときでもあります。それらを「けやのもりにっき」としてその日に気づいたこと、発見したこと、わかったことなどを書き留めておく用紙があります。子どもたちが絵を描き、保育者が子どものことばなどを記しておきます。

学びの整理ができたり、その系統が見えてきたり、まとめとして大きな意味をもつ重要な資料となります。個人のファイルに綴じたり、模造紙に一覧に表したり、一人の学びがみんなの学びとして広がるために保育者の力を要するときでもあります。子どもたちのどのことばをチョイスして、何を学ばせたいか、自身のテーマを絞り子どもと一緒になって探り、深めていくのです。この時は、保育者自身も童心に返り夢中になって入り込み、子どもと一体になって楽しむ至福の時間になります。

以前、木の根っこ掘りをしたことがありました。面白い形をした木の根が土の表面に出ていて「これなんだ?」という子どもの声に「掘ってみようか」と、木切れや手でその木の周りの土を掘りはじめました。あるところまで掘っていくと、流木のように曲がりくねり、地中深く入った固い根にぶつかり苦戦していました。「待って。先生にやらせて」と堅そうな木を見つけて、根の周りを下に下に掘っていきました。だんだんことば少なに私のほうが夢中になっているのを感じました。木の根に沿って深いところまで掘っていくと周りで見ていた子どもたちから「先生、もういいよ!先生は大人なんだから後にして」と叱られてしまいました。ある程度掘って、この先は自分たちでできることを確信したことと、見ているより掘るほうが楽しみが大きいことを感じたのでしょう。いつ替わろうかとうずうずしている子どもたちの脇で、私自身、我を忘れて無心に土にふれ、少しの手伝いのつもりがこんなにのめり込んでしまうとは思ってもいませんでした。子どもたちには、土にふれて掘るその手応えそのものが、学びになっていくのです。こうした子どもとの共有体験が、この後の保育や生活に大きく反映してくることは間違いありません。「そうそう、あのとき、こうだったたね」と、まさに一学期のこの時期にたくさんの体験をしておくことが、後に意味深い育ちにつながっていくことになるのです。

実りの秋

秋は林からの恵みを活用して、想像力や表現力を発揮してあそび、活動する時期です。

この季節、林ではたくさんの自然の産物があります。落ちている木の実を拾い集めるだけでも大きな喜びになります。木を揺すって落ちてくるシイやカシの実も拾いっこできます。手づくりの入れ物に集めて歩き、友だちと違う種類の実を見つけて場所を知らせ合ったり、どの木から落ちたか探し当てたり、あそびはくまなく広がります。そして拾った実を種類別に並べたり、その実を使ってレストランごっこやままごとあそびに発展したり、どんぐり人形作りや、いろいろな実を並べて模様にして制作に使ったり、工夫次第で面白い作品づくりになっていきます。

「先生、見て見て、こんなに拾ったよ」「私も!」。それぞれ自分で拾った木の実を入れた箱を差し出しながら、近くの切り株をテーブルにして並べてみました。「あれ、それどこにあったの?」と自分の箱にない木の実に気づいてほしくなりました。「あっちにあったよ」と指さすほうを見て、「来て来て」と案内する子の後を追いながらみんなで、また拾いに行きました。そして切り株のテーブルに戻ってきて、ケーキやさんごっこがはじまりました。葉っぱをお皿にして、

「さあ、ケーキができました」

「何ケーキですか?」

輪切りにした木に、ドングリやマツボックリを使って

「どんぐりケーキです」

「こっちは何ケーキですか？」

「これは、クルミのタルトです」

「わあ、どっちにしようかな、迷っちゃう」

「おいしいから両方いいですよ」

「これで食べてください」

と、小さな木切れのフォークを添えて、テーブルに運んでくれました。

「これもどうぞ、イチゴのジャムがのってます」

と、いつの間にか、子どもたちがケーキ屋さんで、保育者一人がお客さんになっていました。はじめは、葉っぱに木の実がのっているだけのケーキが、近くに落ちていた葉を重ねたり、土を丸くしてケーキの台にしてドングリをきれいに飾ったり、一人ひとり凝ったケーキ屋さんになっていきました。


また、別の場所では、丸い木をベースに、拾ってきたドングリを並べて顔を作っている子どもたちもいます。いろいろな色や形の木の実を使ってそれぞれ違うかわいらしい表情が作られていました。

実ばかりではなく、キノコも生え、葉も色づき、季節の変わり目を感じていきます。何より夏の林と気温が違うこと、また、林の外と中との気温の違いも肌で感じることができるなど、自然の移り変わりを直接感じていきます。

「これって秋って言うの?」

「知ってるよ。もう秋だよ」

子どもたち自身から出てくる秋のことば。ちょっぴりもの悲しい、でもゆったり考えたり、話し合ったりすることができるようになってきた、その落ち着いた雰囲気にとけ込むように成長してきた自分たちをも感じるようになってきます。からだも大きくなり運動することも楽しくなるこの時期に、林の中で鬼ごっこしたり、木登りに挑戦したり、さらにもっと高く登ろうと試してみたり、自分の力や技を知りつつ、周囲に認めてもらいたいという衝動も出てきます。その場所としても林は有効なのです。小さい子は、猿のようにスルスルと木に登って「ヤッホー」と叫ぶ年長児を羨望の眼差しで見つめています。「いつか自分も!」と目標にしていきます。冬になる前に、寒くなる前に寸暇を惜しむようにしてあそんでいきます。

静まりかえった冬の林

冬の林は閑散として、空気がピンと張りつめています。春にあんなにたくさんいたカエルも今やどこへ行ってしまったのでしょう。影も形もなくなり、子どもたちは冬ごもりということを知ります。秋に落ちた葉っぱの下をそっと覗いてみると、今まであまり見たことのない虫たちが固まっていたり、あわててモソモソ動いて逃げ場所を探している様子に出会います。

動く物にめざとい子どもたちはすかさず虫を追いかけます。ただ、あまり見かけないゴミムシやオサムシ、ゾウムシなどマイナーな虫たちに、躊躇している手もあります。コゲラやムクドリ、カワラヒワなどの鳥たちが梢でその様子を見ています。鳥たちもエサを探すために必死です。

そのとき、「あれ？　どうして緑の葉っぱがついているの？」と冬でも落ちない葉があること、それも緑色をしてたくさん枝についている木々があることに気がつきました。クリやナラの木はすっかり葉を落として幹と枝ばかりになっているのですが、ヒノキやスギは、春夏の鮮やかな緑と違って少しくすんだ深い緑色ですが、たくさんの葉っぱがしっかりついたままです。

そこで子どもたちは、すべての木が葉を落とすわけではないことを知ります。

「茶色い葉っぱは下に落ちてる」

「踏むとカサカサ音がするよね」

12月の林　陽射しもやわらぎ静けさも増してくる

「あの木の緑の葉っぱは木についてるね」
「冬になると全部の葉っぱが落ちるんじゃないんだ」
「木によって違うんだね」

専門的なことを理解するのは難しいけれども、木によって違うことを発見し、自然の複雑なしくみにふれるのです。

足もとからシンシンと冷えるので、林あそびも冬の間（一二月～二月）は中断しますが、時折「冬の林はどうなっているのかな?」と様子を見に行きます。早朝降りた霜が溶けはじめた昼間の時間の散策は、靴底いっぱいに軟らかい土が付いて、重たい靴になってしまいます。そして、地面も水も空気もなごみはじめた三月には、木々をぼんやりと隠すように柔らかな乳白色のもやが立ちこめ、今までに見たことのない神秘的な林の顔を見せてくれます。日が高くなってもやが薄らいでいくと、木漏れ日がキラキラと光っていくつもの層になって見え、また新しい生命の誕生ドラマがはじまるかのような、うきうきした思いにさせてくれます。

こうして一年を通して、林の動植物の営みや空気の移り変わり、周囲の変化を五感で感じ取り、子どもの素直な感性で捉えたことがらから「概念」(子どもなりの自然観や世界観)を持つようになります。その「概念」や一人ひとりの感性が、その後、子どもたちが生きていくうえで、物事を判断する力になっていくと信じています。

林の恵みをもっとたっぷり、もっと多くの人に

こんなふうに、日々変化する自然からの豊かな働きかけがあり、いろいろなことをしてあそべる林ですが、あっという間に時間が経ってしまい、子どもたちが満足しないで帰ることもしばしばです。そこで考えました。「昼食も林でとったらいいんじゃない!」「そうね。家庭からシートとお手ふきを持参して水筒を持って行ったらいいわね」。さっそく家庭に向けて持ち物変更のおたよりを出し、子どもたちのあそびがより豊かに展開できるようにするために、協力を仰ぎました。

凹凸だらけの林の地面で、子どもたちはこぼさずに上手に食事ができることもすごいことだと感心しましたが、「もう、ごちそうさましていい?」と、早くもあそびの続きを期待している様子に、ゲームやオモチャがなくてもひたすらあそびほうけていた昔の子どもたちの姿がだぶりました。自然を素材にしてあそびを作りだし、工夫して発展させることができる子どもたちのセンスにたくましさを感じています。

子どもたちをとりまく環境に危惧する今日、誰一人としてポツンとしていることなく、林で無邪気に戯れている姿に、保育者もこれが本来の子どもの姿とホッと胸をなで下ろします。あそび場がなくなり、あそびが変容してきたことに嘆きを感じるとともに、けやの森の子どもたちの幸せを痛感しています。地域の人や他園の子どもたちにも声をかけ、この林のあそびをもっと広め交流していきたいと考えています。また、子どもたちばかりではなく、大人にとっても憩いの場として、こういうあそびの必要性を共に体験しながら伝えていきたいと思います。

林あそびの約束

私たちが林であそぶとき、子どもたちと決めた約束があります。

おじいさんからお借りしている大切な林であること、この林であそばせてもらいながらも、この林の生態系を守っていくこと、自分たちで自由にあそびを発見し展開していってほしい場所であること、そして何よりもあそびながら子どもたち自身で安全に配慮する力をつけていってほしいという思いから、最低限の守るべきことだけを約束として掲げることにしました。

＊むやみに植物をとらない
＊生きものを持って帰らない
＊先生の見える所であそぶ
＊危ないと思ったらやめる
＊笛が鳴ったら集合する

広大な林の中で、必要なことだけを伝え、子どもたち自身が自分の責任においてあそびを満喫できるように、程よい自由を保障してあげるための約束です。林に着いたら毎回約束を確認し合います。冬を迎える前には、「レイシュウホール」（園の別棟として建てられた多目的ホールで、大きな暖炉が設置してある）の薪ストーブにくべる薪を拾い集めてから、三々五々好きな場所に向かいます。

保育者の周りに群がってあそぶ子、一人でも好きな所へ探険に行ってみようとする子、「ねえ、見て見て」と、見つけた物の所へ誘いに来る子、ゆったりごっこあそびにひたっている子、お父さんたちが作ってくれた遊具でくり返しあそぶ子、「今日は何であそぼうかな」とワクワクしながら、林に着くなり散っていきます。

生命に向き合う姿勢

カエルを捕まえた年長児から、ソッと持ち方を教えてもらい、恐る恐る持たせてもらった年少児。「カエル持てたよー」とうれしそうに大きな声で知らせに来ました。「すごいねぇ！」お兄さんに教えてもらったのね？ ありがとう」と年長児にもお礼を伝える保育者。そのうち、「やだー」という声が聞こえてきました。遠巻きで見ていると「持って帰りたい」と年長児を困らせている様子。

「持って帰れないんだよ」

「ヤダ！」

「カエルはね、林がおうちなんだよ。林じゃない所では、死んじゃうんだよ」

「どうして？」

「生きている虫を食べるんだよ。虫を捕まえるのも大変なんだよ」

「林にいたほうがカエルもうれしいんだよ」

「……」

初めて持てたカエルを、おうちの人に見せたいために持ち帰ろうと考えた年少児。半べそをかきながらも年長児の話に耳を傾け納得した様子。この年長児も年少児のとき同じ経験をして、年長児を困らせたことがあったのでしょう。自分の経験から、年少児の気持ちも理解しながら、カエルにとってどちらがいいかを伝えることができました。「約束だからだめだよ」と言い切るのではなく、順序立ててわかりやすく語りかけてあげることによって、年少児も落ち着いて受け入れることができたのでしょう。大人顔負けの説得に感心し、心の中で拍手を送りました。

園内では、身近な場所で捕まえたカブトムシやカマキリなど、あるいは家庭で休日に捕まえたカニやザリガニなどを園にもってきて、飼育ケースで飼うことはあります。命あるものとのふれあいを大切にする意味から、毎日のエサやりや水替え、飼育ケースの掃除や置く場所の設定など、ふれて親しむばかりではなく、虫たちのことを責任をもって考えることや、果たさなければならない務めが出てきます。そこには、物言わぬ虫や動物側に立って、生きているものの生命を感じ取ろうとする感性や思いやりが培われていくと思っています。また、「死」に直面して悲しさや寂しさを味わい、何がいけなかったか、どうしたらよかったか考える機会にもなります。このような命あるものにふれる体験が、人間形成の基礎を培う幼児期に大きな価値があると思っています。

ただ、林あそびは違うのです。保育者の目的の一つに、林の生きものたちには、林の生活があり、それぞれの虫の習性があることを気づかせ、それを侵さないことを伝える大切な役割があります。そして、その虫たちの誕生から、成虫、繁殖、死というサイクルが林全体の営みに大きく関わっていること（実は生命の循環であること）を、活動を通して直接体験できる大きな魅力があるのです。私たちはこのような環境が失われつつある今、多様な生物が息づく豊かな自然を育み、子どもたちの未来へ引き継いでいかなければならない使命も感じています。大きい子どもたちから小さい子どもたちへ教え伝える「自然のままにそっとしておく」精神を大切に、生命と向き合う保育を続けていきたいと思っています。

危険について

約束の中に「危ないと思ったらやめる」ということがあります。危ないとはどういうことか、どこがどう危ないのか、具体的には指摘していません。自分の能力を考えて自分でやるかやらないか決めるということです。今、街の中でも、転ぶ前に「転ぶから危ない」と声を出して注意したり、手を引いたり、障害物をどかしてしまったり、至れり尽くせり子どもの安全、安心を考えている大人の多いことに気づきます。あまりにも安全意識が過剰になるとせっかくの学ぶ機会を奪うことにならないでしょうか。

けやの森の生活では、「子どもの自立を促す」という大きなねらいの中で、保育者が適度な援助をしていきます。それは自然の中でも同じです。子どもたちの好きなあそびには、冒険的なものや挑戦的なものがあり、危険がともなうことが多くあります。そうしたあそびに内在する危険性（ハラハラドキドキ感）が子どもにするとあそびの価値でもあるといえます。そして、それを経験するから危険を予測して、どのように対処したらよいか判断できる能力も育っていくと考えています。

ただ、年齢が低いほど、自分の力がわからず怖いもの知らずで向かっていったり、必要以上に怖がったりするので大人が目を光らせ危険に気づかせたり、挑戦を促したりしなければなりません。

　もう少し大きくなると、「やりたい」「やってみたい」気持ちと「できるかな？」という自分の力を考えながら自分で決めさせるようにします。それを自己責任と言っています。従来のあそび方とは違うあそびを求め、より面白いあそびを考えたり、行動したりします。

　ある時、高い木に登っている友だちの様子を見て、木登りをはじめた子がいました。最初はスルスルと勢いよく登っていきましたが、途中で下を見て「高い」と感じ「怖い」という感情が走りました。下にいた保育者は、子どもの怖いという気持ちを感じていました。でも、じっと下で見守っていました。しばらくして「やっぱり降りる」といって交互に手足を使って慎重に降りてきました。ほっとした表情の子どもに「偉かったね。自分で決めて降りてこられたね」と頭をなでてあげました。「無理して登って落ちてけがをするより、自分でやめると決断できたことのほうが大事なのよ。強い心を持ってい

冒険しながら、自分で加減を身につけていく

るということだよ」と話す保育者の声を真剣に聞いていました。

いつ何が起こるかわからない自然の中では、自分で判断しなければならないこともたくさん出てきますし、そうした力をつけてあげることが大事な教育でもあります。あらかじめ考えられる危険と不意に起こる危険とを予測しながら、活動によって得られる成果とリスクのバランスをとっていけるようになることも重要です。こうした意味合いでの「自分の身は自分で守る」という自己責任の意識は、入園する際、保護者の方にも伝え、理解を得ておくようにしています。このような背景があって、林での大きなケガは今まで起こっていません。

モグラの穴　見つけた

土の中の虫との出会い

初夏、園庭では、ダンゴムシ集めがさかんにくり広げられています。鉢植えの下や、草の茂み、大きな石の下などをごそごそ動かしながら見つけては、手で触って丸くなることを喜んだり、手のひらにのせてモゾモゾと動くくすぐったい感触を楽しんだり、手ごろな容器に入れて集めたりしています。花壇にきれいに並べた鉢も勝手に動かして、友だち同士競い合うように捕獲大作戦をくり広げている毎日です。

ある時「林にも、ダンゴムシいるかな」と、ふとつぶやいたことばに火がついて、林でもダンゴムシ探しがはじまりました。倒木をどかしたり、落ち葉の下を見てみたり、草をかき分けて探していたら、黒い物がササーッと逃げていきました。

「今、何かいた！」

「見たよ」

「なんだかわからないけど早かったね」

「ハヤムシだよ！」

「エッ、ハヤムシって言うの？」

「そうだよ。だって早かったでしょ」

「ホントの名前？」

保育者も知らない虫の名前に、つい聞いてみました。

「ううん、今そう思ったの」「ホントの名前は知らないよ」

平然と話す子どもに変に納得して、なるほど！　いつもながら、子どもたちのとっさの着想には感心します。

それ以来、ハヤムシという虫の名前が大流行になりました。

「ここにもいるよ」

「エッ、さっきの虫はもっと足が長かったよ」

「アッ、この虫と同じだ。これがハヤムシだよ」

「へぇ、からだが三つに分かれているのと二つに分かれているのがあるんだね」

さすが年長児、細かいところまで比較しながら互いの違いを見極めながら、それぞれの特徴を捉えていました。

「いつもどこにいるのかな?」

「何を食べるの? 先生知ってる?」

「先生も初めて見た虫だわ。よくわからないから一緒に調べてみよう」

と約束をしました。子どものその直感は、動物的な本能と同じで揺るぎなく、即座に捉えた印象で、あたかも以前からあった本当の名前のように使いこなしてしまう不思議な力を感じました。それだけに身近に感じるものがあったのか、興味を持って調べてみたくなった様子に保育者も惹かれました。

引き寄せられる動きや形、何か他と違う特徴があったものには、子どもたちはすぐにとびついてきます。それがどんな虫であっても、どんなことであっても、子どもたちがどんなことに興味を示しているのか、それをどうしていきたいのか、何を欲しているのかに保育者は着目して、あそびの発展する契機と捉えて、子どもたちの様子を見守ったり一緒に活動に加わったりします。それはまた、その子のよいところを見いだすチャンスでもあります。

子どもたちはいろいろな可能性を秘めています。いつどんなところでそれが開花されるかもわかりません。私たちはそこに付き合い、共に活動する中で、その子の光るところを見つけたいと思っています。とびついていく姿勢でも、地味な虫に興味を示し一人でもジーッと見入る姿でも、小さなことにも気づく感度のよさでも、そこで得たその子の姿は、新しい発見となって、さらに別の活動のときにはどうなんだろうと観察する観点にもなります。よりいっそう、その子のことを理解するために、細やかに観察する姿を保育者は常に持っていなければいけないと思います。

この一匹の素早い動きの虫の出現により、子ども同士何気なく捕まえているふうでいて、その瞬間の場所や状況を明確に捉えていたので、園に戻ってからも回想しやすく、

「ハヤムシをつかまえたとき、葉っぱもつかんじゃったよね」

「あそこにとげとげの葉っぱがあったね」

「知ってる！　おれも見たよ」

などと、友だちとのやりとりもとてもスムーズでした。こうして何に出会えるかわからない林あそびは、いつでもドキドキワクワクしますし、仲間がいることで興味関心が広まりあそびが深まっていきます。

モグラに会いたい

早春の林の中にところどころ、土がふんわりと盛り上がったところがありました。そういうところは子どもたちのお気に入り。走っていっては、ジャンプして上から踏みつけたり、片足でドスンドスンと怪獣のように足跡をつけてみたり、盛り上がった土を見つけてはつぶしていくそのくり返しでした。

ある日ふと、「フカフカだね、この土」「ウン、気持ちいいね」「どうして、ここは、フカフカなのかな?」と言いながら近くに落ちていた木ぎれをさす子どもがいました。「やわらか〜い」「エッ、貸して。本当だ！　なんかスーッてはいったよ」。どれどれと私もやらせてもらいました。「ほんとだぁ」と、子どもたちと同じ感触を味わいうれしくなりました。その時「でもさ、こっちの土は硬くてささんないんだよ」と一人の子どもが他の地面と比較してつぶやいていました。「ここ、掘ってみよう」と、その手に持っている木ぎれを上手に使って、穴を掘りはじめました。それを見た周りの子どもたちも、いつのまにか何も言わずに手が動いていました。なかには、「このフカフカな土で泥ダンゴできるね」と言っている声も聞こえてきました。「なんか、穴があったよ！」と新たな発見を知らせる歓声が聞こえてきました。

「?・?・?　トンネルになっているよ」

「この棒さしてみて」

「よし、あーだめだ、ささんないよ」

「まって、違う棒持ってくる」

てんでに散らばってそれぞれが棒集めに行きました。今見つけてきた棒がどうやったらその穴に入るかと、「この向きにしたらどうかな?」と棒の入れ方を変えてみたり、いろいろ考えながら手元を動かしていました。

「これは? オレがやってみる」と、他の子どもたちが、自分が拾ってきた木ぎれを自分でさしてみたり、

「どっちの棒が長いかな？」

「これどう?」と、棒を手渡したり、傍らで、

「オレの棒とどっちが長い?」と拾ってきた棒同士をくらべっこしたり、短かった子は、またいそいそと林の奥へ棒探しに戻ったり、穴に棒を通したい一心でした。ところが、

「ここまでしか棒が入らないよ」

「どうしてこの先にいかないの?」

「棒が硬いから入らないんだよ」

「まだトンネルは続いているのになぁ……」

また新たな問題にぶつかりました。トンネルは曲がっていて途中までし

か入らず、長い木でも、細い木でも入りきらない状況になりました。ちょうどその時、「集合〜」と、帰る時間が告げられました。なんと今日の林あそびは、この穴を見つけてから、ずーっと穴を掘り起こし、見つけたトンネルにさす棒を探し、必死で棒を先に進めようと力と頭を使うことに専念したのでした。まだやりきれていない子どもたちは、悔しい思いを残しながら園バスに乗り込みました。さて、私も子どもたちのすっきりしない表情に、何とかしてあげたいと園に戻って考えました。

トンネル探索

数日後の林あそびに、ある程度の硬さがあって形を自由に穴に沿わすことのできる物として、園庭の水まき用のビニールホースを持参しました。「何に使うの？」と不思議そうに寄ってきた子どもたちに、「これって、トンネルに入らないかなぁ？」と切り出すと、「貸して」とものすごい勢いでこの間のトンネルに向かって走っていきました。いつの間にか、できていたトンネル探索隊員たち。その中でも一番沈着冷静な子が、まずやってみました。入りました！

周りで息をのんで見守る子どもたちも、スルスル入るホースに引き込まれるように見入っていました。でも、また先に進まない箇所が出てきました。

「よし、また掘ってみよう」

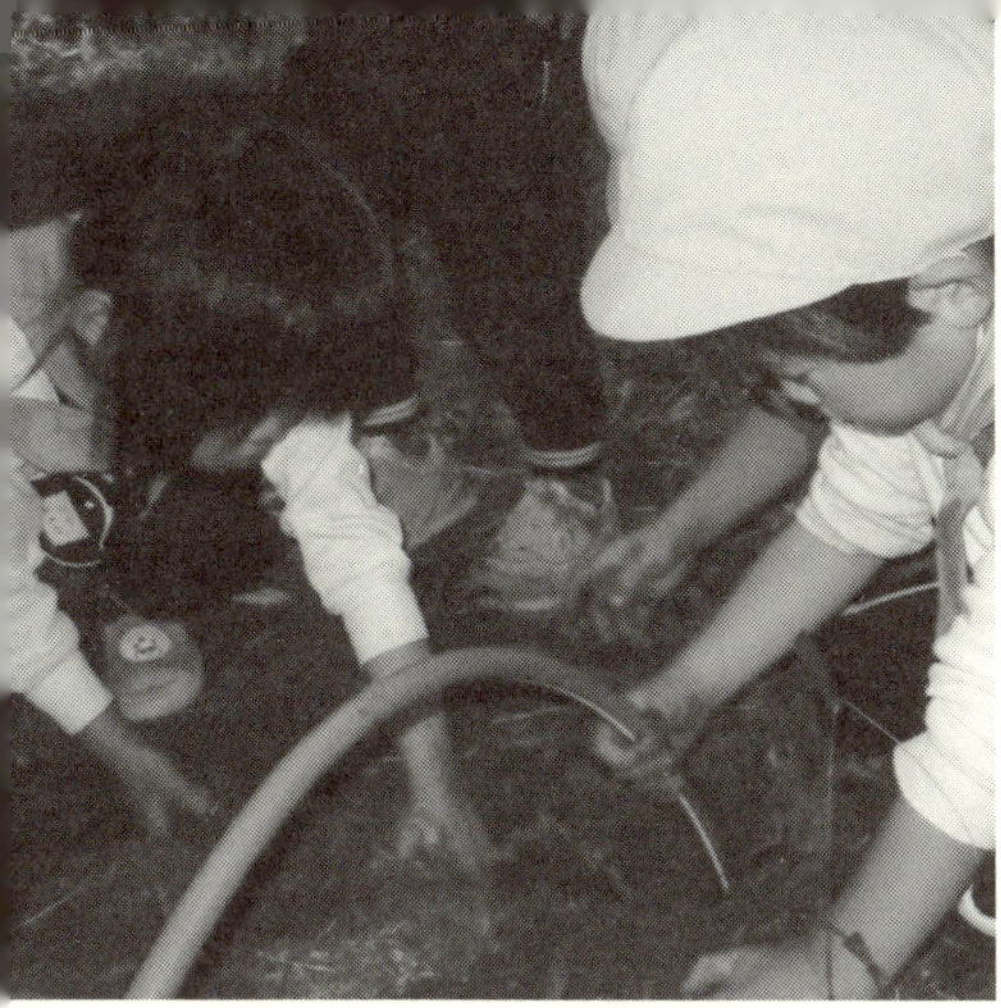

「ホースがどんどん入っていくよ！」

詰まったであろう箇所を予想して、土の上からまた木ぎれで掘っていきました。

「アッ、こっちに道ができている、よしホースはこっちにさしていこう」

そこからまたホースを送りこみ進めていきました。ホースが詰まればまた、地上から掘っていく、そのくり返しで後ろを振り返ったら、ホースがグニャグニャに蛇行していました。

「ワァー見て、変な形」

先に進むことに必死だった子どもたちから、振り向きざまに驚きの声が上がりました。この日も、ホースを通す作業に夢中で一日終わりました。最後に園に持ち帰るためにホースを抜いてみたら、そのトンネルは、アチコチ曲がりくねっていて、さらに急に地面深くに降下して上下の道ができていたり、縦横無尽な軌跡でした。そのホースをかかえながら、穴の長さを知らせたくて、園バスの先端にあわせて伸ばしていったら、ちょうど後尾までありました。ざっと三メートル位でしたが、子どもたちには、園バスとの対比のほうがわかりやすく、「長い」を実感できたようでした。

モグラ調べ

さて、この穴の持ち主はモグラ。子どもたちも知っていたようで「これ、モグラの穴だよね」と自信あり気に保育者に確かめていました。モグラっ

モグラについてわかったこと

＊　目は明暗を探る程度しか見えず、鼻と触覚が発達している
＊　体に比べて手が大きく、その手と鋭い爪で掘っていく
＊　トンネルは長く掘るが、トンネルの大きさは体くらいの狭さである
＊　逆にモグラの体が軟らかく、穴の大きさにあわせることができる
＊　掘っていた土を地上に押し上げて捨てた土が塚になる、
　　だからフカフカなのである
＊　エサはミミズ、ナメクジ、カタツムリや昆虫の幼虫を食べる
＊　地下30㎝位の所に住む、日本にはアズマモグラとコウベモグラが
　　主に生息している。東日本と西日本で生息している種類が違う
＊　大谷沢の林にはアズマモグラが住んでいる

てどんな生きもの？　どんな形をしているの？　まだ見ぬモグラについて知りたくなりました。園に戻っても納得できる本も見つからず、保育者が図書館で借りてくる約束をしました。翌日、モグラのカラー写真を持ってきた男の子がいました。

「どうしたの？」と聞いてみると、降園後、さっそく家で今日あったことを話して家の図鑑を開いたらモグラを見つけたので、「コピーして」と頼んだら、母親が「それならカラーコピーがきれいでわかりやすいよ」といって持たせてくれたのでした。子どもが自分からモグラに興味を持って調べたこともうれしかったのですが、そこにお母さんが子どもたちのためにと、大きな後押しをしてくださったことに倍の喜びを感じた瞬間でした。

こうして一枚のカラーコピーのおかげで、みんなの興味関心が一層高まり、探求ブームに火がつきました。それから家庭で調べたり、保育者が図書館で借りてきた本で調べたりして徐々にモグラについて解明されていきました。

こうしてモグラの生態について年長クラスの全員が知ることとなりました。もっと知りたいという積極的な姿勢が、次つぎ調べ学習につながり、家庭も巻き込みながら日々わかったことを子どもたちが登園して来て伝え合い、やりとりしながら主体的な学びとなっていきました。穴を掘りながらもそうであったように「こうなんじゃない」「もしかしたら、こうなるのかな」と子どもたち自身で仮定したり推測しながら物事を考えることもできるようになってきました。予想したことと調べてわかった結果とが合っていたら「やっぱり」とうれしそうな表情になったり、「○○君の言ったとおり！　すごいね」と友だちを認める機会になったり、「ああ、こういうことだったんだ」と素直に受け入れることができる姿など、子どもの受容する姿勢や意欲を間近で確認できたことが私たち保育者にも大きな収穫でした。

また、その様子を子ども自身の報告と共にクラスだよりで随時家庭に知らせることによって、保護者も子どもたちの一生懸命な姿をうれしく感じ、一緒に興味を持って楽しんだり、応援したくなる気持ちが湧いてきたことも、学びが広がる大きな要因になったと実感しました。

本物に会いに行く

梅雨のある一日、部屋の隅に置いてあったサーキットゲームで使うトンネルを見て「ひろげてあそんでいい？」と言われました。

モグラさんになってトンネルあそび

「モグラの穴みたいだね」「出発！　モグラ探険隊」と言って、モグラの土を掘る様子を表現したり、モグラの家を造ったり、エサであるミミズの貯蔵庫を作ったり、知り得た知識でトンネルあそびが展開されていきました。その様子を、年少児がニコニコしながら遠目で見ていました。きっと、今度やってみようとうらやましそうに、そして、どんなふうにあそんでいるか偵察していたのでしょう。このオープンな雰囲気の中でジワジワ広がっていくあそびが、年齢を超えて豊かなつながりになっていくのだと思いました。

会いたかったのに会えなかったモグラを求めて、多摩動物園のモグラ館にお別れ遠足を兼ねて出かけました。引率はお手伝いが可能なお母さんにもお願いして、自分で切符を買って電車やモノレールを乗り継いで行きました。私たちの質問にていねいに答えてくださった飼育係のおじさん。子どもたちがいろいろなことを詳しく知っていることに感心してくれました。「こんなによく知っているなら、裏のお部屋を見せてあげよう」と言って案内してくれました。そこには、壁一面に上から下までモグラがやっと通れるくらいの細いホースのようなトンネルが張りめぐられていました。壁の表面だったりところどころ壁の裏側に入っていたりして、モグラが出てきたり見えなくなったりしていました。せわしなく動き回るモグラに目が回りそうでした。時折ものすごい早さで通るモグラに「あー見てみて、本物のモグラ！」「見たよ。モグラって可愛いねえ」「モグラって小さいんだね」「だって、あのトンネルを通るんだもん、小さいよ」「毛が柔らかそう」。時おり、知り得た知識が自然に会話の中に出てきて、幼児とは思えないほどしっかりした姿を感じる場面もありました。

みんなで、会いたかったモグラに直接会うことができ、学びが確認できた時間となりました。たくさんの動物たちがいる広い動物園でしたが、ほとんどの時間をモグラ見学に費やし、目的が達成され気持ちも和み帰路につくことができました。

モグとグラの大冒険

けやの森では、体験をふまえた「表現」も大切にしています。体験して感じたことをことばに表してみる、思ったことを相手に伝える、相手の話に耳を傾ける等、そして、表現はことばだけの表現にとどまらず、絵画や造形、劇や音楽的表現、また、創作ダンスなどからだを使った表現にも発展します。

みんなで作った劇「モグとグラの大冒険２」　ひなまつり会で

この年、林あそびの中で見つけたモグラの穴から、お話ができました。

「モグとグラの大冒険」。そのお話に合った人形を、布を切ったり、縫ったりしながら一人一体ずつ製作して、お話に合わせて人形を操り、人形劇にして一二月の「生活作品展」で発表しました。

勢いをつけて、三月の「ひなまつり会」では、「モグとグラの大冒険2」としてお話の内容をさらに充実させて台本を作り、劇として発表しました。どちらも自分たちのあそびからスタートした題材だけあって、自然体でアドリブを交えて堂々と楽しむことができました。

「なぜ？」「これなに？」「どうしてこうなの？」からはじまった不思議に、どんどん心惹かれ、子どもたちの追求がはじまりました。保育者が「これだ！」と思った子どもたちの気づきにしっかりと寄り添い、一緒に楽しみながら活動を進めていくことが、子どもの素直な学びになることがわかりました。そこには保育者の的確な後押しが重要です。子どもたち自身に考えさせたいところ、手を貸して一緒に関わるところ、子どもたちだけで自由にやらせるところ、変化をつけながら、子どもたち自身が主体的に進められるような環境を整えていくことが私たちの役割だと思います。

一緒にあそぼう

この林でのあそびは、もうかれこれ十数年続いています。その間にも、社会では子どもたちのあそぶ場はどんどん少なくなり、自然とふれあえる場も減少してきました。私たちは幸いにもこうした豊かな環境を持ち、保育の場としていろいろな活動ができている林があることに感謝しなければいけないと思っています。それだけにこの林のあそびを、皆さんに広げたい、林で交流して子どもたち、そして保育者同士、お互いの学びにつなげていきたいと思うようになりました。

そこで、以前からおつきあいのあった園の皆さんに声をかけて、まずは園長や主任の先生方をご案内して実際に林を体験していただきました。

「気持ちがいいわね！」「心が落ち着くわね」と感じられたところで、「一度子どもたちを連れてあそびましょう」と話がまとまりました。

けやの森の園バスで朝お迎えに行きました。「今日、林に行くんだけど、林ってどんなところだと思う？」「何がいると思う？」というバスの中での私の質問に「木がいっぱいあるの？」「怖いからヤダ」「オオカミいる？」「オレ平気だよ」……。子どもたちはそれぞれいろんなイメージを持っていましたが、「楽しいことがいっぱいあると思うよ、一緒にあそぼうね」と期待を持って来られるよう促しました。

けやの森の子どもたちと合流して、林に向かいました。林の入口で出迎えた保育者が「おはよう！」と大きな声で挨拶をしました。すると突然、「こわいよう～」と泣き出す他園の子どもがいました。うっそうとした大きな木が立ちはだかって、暗いイメージの林に恐怖感が走ったようでした。「泣かなくても大丈夫」「木のブランコがあるよ」「カエルもいるよ」とけやの森の子どもたちから、慰めのことばや楽しい話が出てきたときにはうれしくなりました。

挨拶を交わし、林あそびの約束を紹介しました。そして、林のことをよく知ってもらうために、けやの森の子どもたちが今まで調べてまとめた林の虫について発表しました。

「これはゴミ虫です」

「その虫どこにいるの？」

「あのブランコの下にいたよ」

「これはヘビイチゴです」

「それ、食べられるの？」

「ううん、人間は食べられないよ」

そしてもちろん、モグラの穴も紹介しました。

「あそこのフカフカの土を掘ったらモグラの穴だったんだよ。モグラって土の中で暮らしていて、手で穴を掘るの。だから手がからだより大きいんだよ」

得意になって滑らかにことばがポンポン出ていました。そしてまた、「どうして？」と即座に質問したり、返答してくれる他園の友だちによって、発表がさらに盛り上がりました。わかったことを伝えること、質問されて答えられることって、子どもはうれしいんだなと思いながら、こういう機会が持てたことに交流の大きな意義を感じました。

一通りの発表や質問タイムが終了して、子どもたちは、他園の子どもとグループになって林の奥へと足を進めました。他園の子どもたちも時間の経過と共に、走り回ったり、木に登ってみたり、活動的にあそび回る姿が目立ってきました。

楽しい時間を共に過ごし、林の昼食を済ませたら、そろそろ降園の時間です。「また来ていい？」と他園の子どもたちもすっかり林になじんで心地よさを満喫したようでした。「また来てね」「うん、またあそぼうね」。お互いに名前も覚えて親しくなった子と名残惜しそうにしながらお別れをしました。保育者同士もこんなに充実した時間を過ごせるならと、年間でスケジュールを立てようということになりました。他園の子どもたちとのやりとりは、お互いにとてもいい刺激になると実感しました。林からはじまった交流は招待したりされたりと更に発展しています。また、保育者同士も情報交換や研修の場として活用しています。今後、もっと多くの園と林で交流できる機会を増やしていきたいと思っています。

2章

大自然の驚異に出会い

学び、あそぶ

はじめに　なぜ富士登山なの？

林あそびや川あそびなどの日常の自然体験とは別に、大自然を相手にした特別な自然体験活動があります。年長児の行う夏の登山（ひとりだちキャンプ）と冬のスノーキャンプです。

毎年八月の末に二泊三日「ひとりだちキャンプ」と銘打って、親元を離れて友だちと保育者と山で過ごします。その名の通り子どもに自立を促すことを目的としています。ふだんの園生活では設定することができない高い課題を前に、子どもたちがどう現実を乗り越えるのかを計る機会にしています。また、その過程の中で複雑に揺れ動く子どもと保育者の心情や非日常を体験した経験が、後に成長として現れることを期待して毎年行われてきました。その舞台は約三五年前の開園当初からしばらくは秩父の山でした。その後、箱根山や大菩薩峠、火打ち山など場所を移しながら続けられています。

園長が初めて富士登山を計画したのは一九九五年。危険すぎるという保護者の大反対を説得してはじまりました。

「今年は富士山にします」と年長組の父母にお知らせしたあと、何日かして、父母会長さんから切り出されました。

「先生、全員反対ってご存知ですか？」

「どうして？」

「だって死ぬかもしれないじゃないですか」

　そこでみなさんに集まってもらい説明会を開きました。やはり反対の嵐です。

「なんで富士山なんですか？」

「年少さんのときから準備をしてきましたし、うちの子たちならきっとできると思うんです」

「そんな危険なことさせられない。私たちは納得できません」

　誰一人、賛成する人はいません。

　日を置いて再度説明会を開きました。園長は万全のスタッフ体制をとることと、予測されるあらゆる場面をシミュレーションして、懸命に説得しました。

　急病や高山病になった場合にはこうします、天候が急変したらこうします、それでも危険な状況に陥ったら撤退します、こうして、ああして……「これでも何か異議がありますか？」

　すると、一人のお母さんがあきらめ顔で言いました。

「要するに先生は富士山に行かせたいんでしょ？」

「そう、うちの子どもたちならきっとやり遂げられると思うから、やらせたいの」

「もういいです。先生に預けます。連れていってください」

　すると、その人につられたのか、次々に「じゃあいいです」「うちも」「うちも」と了承してくれたのです。園長の熱意と説得にお母さんたちは我が子を託してみようと思ってくれたようです。

その後、トイレの問題など、環境悪化も看過できなくなり、いったん富士山から離れたのですが、保護者の要望もあって再開されて現在に至っています。

富士登山の魅力

富士山は誰もが知る日本一高い山です。私たちが住む狭山市からも遠くに富士山を望むことができます。子どもも保護者も保育者も「日本一の山に挑戦するのだ」とはっきり意識することができるのです。また、人間が抗うことのできない厳しい自然環境の中で、子どもたちは自分自身の力や現実を知ることができます。自分でも登れると思っていた子が途中で下山をすることもあれば、もう限界だと思ったところからまだ力が残っていることに気づく子もいます。たとえ強い気持ちで臨んだとしても、高山病や悪天候に阻まれ、登山を諦めなくてはならないこともあります。望んだことが叶うこともあれば、望んでも叶わないことがある。時に自分の力ではどうしようもないことが起こるということをつきつけられるのです。

こう述べると、ただただ厳しい登山のように感じられるかもしれませんが、富士山にはその厳しさに見合うだけの恩恵もあります。それは、ふだん味わうことのできない経験が子どもに何かを強く訴え、成長するきっかけをもたらし、深く記憶に刻んでくれるというところです。

富士山ほど雄大なスケールをもっているところはほかにないのです。大きいスケールを当ててみると、どの子も等しくすばらしいところを持っていることが鮮明にわかります。

ふだんの園の生活では、よく発言する子や活発な子がどうしても目立ちます。無口な子やおとなしい子は影が薄くなりがちですが、富士山に登ると、そんな子がかえって粘り強くがんばったりするのです。

子どもは等しく光るものを持っている――。それをはっきり見せ付けられ、毎回圧倒されます。そういう点で富士山はすばらしいのです。

どこまで登れたかの結果がどうであれ、起こった現実を成長するチャンスに変えられれば、それだけで子どもにとっても、保育者にとっても、保護者にとっても富士登山に挑戦する意味や価値があるのです。

登山に向けての準備

＊年中組から足慣らし

昨年（二〇一二年）度の取り組みを紹介します。子どもたちは前年の年中組二学期から山歩きの経験を積むために園から車で三〇分ほどの日和田山に月一回行きます。年長さんとペアを組んで一〇時くらいから登りだして二時間ほど歩いて頂上に着いたら、そこでお昼ご飯を食べて園に戻ってきます。それを九月から翌年三月まで行います。

装備をしょって日和田山へ足慣らし

四月、年長に進級すると五月と六月は年長組だけで同じく日和田山に月一回足慣らしに行きます。装備の扱いや岩場の登り方、身の回りの自立など、山登りの心得を学び、そして七月にはいると高度順化のために一度富士山ハイクに行きます。五合目までバスで行き、六合目まで登ります。このあたりは二四〇〇メートル前後で、気圧も薄くなっていますので、からだを慣らすのと本番の登山に向けて気持ちを高めていきます。

＊家庭も一緒に

保護者に向けては五月と七月の二回説明会をもちます。

五月は、富士山の概略紹介や日程表、スタッフ体制や持ち物リストなどの載った「ひとりだちキャンプ」のしおりを用意して、おもに用具の準備について説明して順々に揃えてもらうようにします。本格的な登山になるので、子どもなりにも装備が必要です。登山靴をはじめリュック、雨具などどんなものが適しているか、また、当日必要になる持ち物リストを説明しながら保護者からの質問に答えます。靴などは早めに用意して慣らしておきたいものですが、子どもは成長が早いので本番まで二、三ヵ月もある時期に靴はどれくらい大きめサイズを選んだらいいかなど、お母さん方の心配や質問はどんな細かいことでも出していただくようにします。

また、ぜんそくやアレルギーなど投薬の必要な子どもたちも複数いるので、この件については申し出ていただき、別個に説明と打合せの会をもっています。

二回目はキャンプの意義と心構えについての説明会で、七月五日に行いました。園長から、成功に導くにはふだんの健康的な生活がカギになること、自分のことがことばで表現できること、友だちとコミュニケーションがとれること、なかでも、精神力――一生懸命やろうとする前向きな心が一番大事になると伝えます。そして、その時の体調や天候の影響もあるので、結果が問題ではないこと、一人ひとりが充分力を発揮したかどうかが目的なので、帰ってきたら「よくがんばったね」とねぎらいのことばをかけてあげれば、それで富士山に登った意味があることなどを伝えて、家庭でも意義を共有して一緒になって応援してもらうようにします。

大人でも大変な富士登山、保護者は子どもたちがそれにチャレンジすることに期待が膨らむと同時に、まだ五、六歳の我が子が果たして親の手を離れて二泊三日の過酷な登山ができるのかどうか、すべてにおいて心配です。

ふじさん がんばるぞ～!!

なまえ：

★みじたくやせいかつめんのかだいをチェックしてみよう (*^。^*)
できること、できないことがじぶんでわかると、れんしゅうできるね!!

とざんぐつ	みぎとひだり、まちがえずにはけるかな？	
	くつひものしょりができるかな？	
かっぱ	きるじゅんばんがわかるかな？　うえ→した	
	ちゃっくのあけしめができるかな？	
	ふーどがかぶれるかな？	
	とざんぐつをはいたまま、ずぼんがはけるかな？ぬげるかな？	
	ぬいだらたたんで、ふくろにしまえるかな？ (ちゃっくはあけたまま、ふーどはだしたまましまっておこう)	
りゅっくかばー	つけるむきがわかるかな？	
	りゅっくにつけて、かぶせられるかな？	
	はずしたらたたんで、ふくろにしまえるかな？	
りゅっく	むねとこしのべるとをしめられるかな？	
	どこに、なにがはいっているかわかるかな？	
	にもつせいりができるかな？ (つかわないものはしたに、よくつかうものはうえに)	
ぺっとぼとる	きゃっぷのあけしめができるかな？	
きがえ	ぬいだものはたたんで、ふくろにしまえるかな？	
	さむいとき、あついとき、ふくのちょうせつができるかな？	
そのた	もののなまえがわかるかな？	
	すべてのものになまえがかいてあるかな？	
しょくじ	すききらいせず、なんでもたべられるかな？	
	みんなとおなじじかんで、ごちそうさまができるかな？	
かかわり	こまったこと、くるしいこと、しんぱいなことが じぶんでつたえられるかな？	
	ともだちとたすけあえるかな？	

★できるようになったらシールをはっていこう!!
できないこと、うまくいかないことがあってもだいじょうぶだよ!!どんなことでも、じぶんでやってみようとするきもちがだいじ。ともだち、せんせい、みんなでいっしょにのぼろうね(*^^)v

登山靴をはいて朝夕一時間ずつ歩く練習をする家庭の話を聞いて、「どれくらい練習したらいいのか？」あるいは、「うちの子は何もしないけどだいじょうぶでしょうか？」という方。「おねしょをすると思うのですが……」「初日で具合が悪くなった場合の迎えの方法」「子どもが行きたくないと言い出したらどうしたらいいか？」等々。

心配事や質問には一つひとつていねいに説明しながら保護者に安心してもらうことを一番に考えます。

＊万全のスタッフ体制

園としてはあらゆる事態や危険を想定し、充分なスタッフ体制を組み、万全を期すようミーティングを重ねます。しかしながら、年々投薬を必要とする子どもやアレルギーをもつ子、夜尿によりオムツが外れない子など問題は増え、スタッフの増員を余儀なくされています。さらには、生活習慣や母子関係の改善、母親としての役割や関わり方など、家庭環境にまで踏み込んだ関わりが保育者には求められています。

担任の大石先生は折りにふれてお便りを出していきます。

夏のひとりだちキャンプに向けて…

七月○日

八月末のひとりだちキャンプに向け、集中して話を聞くことができるように、今週は私自身もメリハリある口調で声をかけてきました。畑への散歩でも私の心の中で「富士山への準備のつもりで」視点を変えて今まで以上にキビキビするようにしていました。畑へ行く道の途中で、富士山が見えます。毎回見つけてはみんなで「富士山だ～」と話していましたが、今週水曜日の畑では、「早く登りたいな～」「どこに泊まるの?」「何回泊まるの?」「寒いならフリース着なくちゃ」「お風呂入らないの?」「ごはん持って行って富士山で食べる!」「雲の上に立ってみたい」「雲食べるの楽しみ～」「富士山待っててねー!」と子どもたちの中でも、富士山への想いがより出てきました。

先週の金曜日の大雨の時、子どもたちは、素早く軒下に走り、軒下から、空が荒れる模様、そして晴れ間が出て空や周りの景色が変わっていく姿を目で見て、音で感じ、肌で感じました。「富士山では天気が変わりやすいんだよ」「今度はカッパの練習しようね」という話も出ました。そろそろ、登山用のカッパの着脱の練習をしたいと思います。
ご準備をよろしくお願いいたします！

幼稚園児は七月の二〇日過ぎから八月末まで夏休みになります（保育園児は通常通り）。その間登山に向けた準備が家庭で行われます。一番の課題は子どもたちが親の手を借りずに、一人で装備の管理や着替えなど、身の回りのことをできるようになることです。園ではできても、家庭では親の手祖父母の手に甘えたり、親のほうが先に手を貸したりしている実情もあります。表（前掲「がんばるぞ～」）にあるようなことが目標です。親子で向き合って一つひとつ取り組んでいきながら、親は「子どもの自立と親の役割」を考えながら自分の子育てと向き合うことになり、子どもはキャンプへの期待を高めていったり、中には不安がつのっていく子もいます。長い準備がそのまま親子にとって「ひとりだち」への取り組みになるわけです。

一日目

八月二七日（月）朝七時三〇分、快晴のなか幼稚舎・保育園の年長児二六名全員が園に集合しました。三日前の登園日に「お母さんお父さんとはなれるのはさびしいから行かない」と言って、子どもたちや園長に「強くなるために行くんだから一緒に行かなければダメ」と説得されたまさと君も揃い、担任の大石先生のほっとした顔。スタッフ全員まずは安堵です。

いよいよだ！　とうきうきしている子もいれば、こわばった顔の子、声をかけたら泣き出しそうな顔の子、緊張でよく眠れなかった子と、表情はさまざまです。今日までの三日間の体調を記入してもらったカードを保護者から受け取り、まずは一人ひとりの体調を確かめ、アレルギーなどのふだん使いの薬をスタッフが受け取ります。園長の短い話しのあと、全員で「けやのもり　ファイト！」と気合いをいれて、七時四五分にはバスに乗り込み、ただちに出発です。

園から富士山五合目付近にある駐車場までは、高速道路の圏央道と中央道を乗り継いで、途中談合坂ＳＡでのトイレ休憩時間を入れても二時間半あれば着きます。バスから降りて荷物の確認、トイレ、準備体操などをしながら、高度順化を考慮してここで少しゆっくり休憩をとります。そうしているうちに、毎年付いてくれるベテランガイドの渡辺さんが女性ガイドの方と一緒に迎えに来てくれました。いよいよ富士登山のはじまりです。

二〇分くらい下って吉田口ルートの登山道まで行き、そこでアメやグミ、梅干しやスティックパンを食べて小休止、靴ひもの確認などもして、ここから六合目（二三九〇メートル）まで一時間くらいかけて登ります。途中急斜面もあるので、休憩をはさみながら高度順化も考えてゆっくりゆっくり登っていきます。晴れわたった裾野には河口湖と山中湖がきれいに見え、足もととの間を真白なちぎれ雲が形を変えながら流れていきます。

一二時過ぎに六合目の「安全指導センター」に到着。ここでお昼と休憩です。五合目付近ではまだところどころ緑があったのですが、ここまで来るとすっかりジャリだらけになります。少し山に慣れてきたのか、大方の子どもの顔から緊張感が消えて、家から持ってきたオニギリとフルーツを美味しそうに食べていました。

ところが、昼食後にあきら君が吐き気を訴えます。スタッフがついて安全センターで休ませていましたが、出発時間になり、他の子どもたちが登りはじめると「だいじょうぶだから」といって登ろうとします。でも、少し登っただけでからだが動かず、顔色も悪く、冷や汗をかいてからだも冷たくなってきています。これ以上は無理です。下山しようと言うと、悔しさに涙をためながらも「降りる」と決断しました。もう一人やすし君が出発後しばらく登ると吐き気を訴えてきました。見る間に顔色が白くなり、動けなくなってきて、自分の気持ちをしゃんとさせるのに精一杯の様子です。急を要する状況と判断して、ガイドさんに抱きかかえてもらい六合目まで下ろしました。そこで休んでいたあきら君・スタッフと合流し、五合目で待機している車に無線で連絡をとって迎えに来てもらい、二人を五合目まで下ろし、ご家族に迎えに来てもらう手配をしました。標高が低くなったところで休んだ二人は、しばらくして元気を取り戻していきました。

＊かっとうしつつ、黙々と……

二人の下山の様子を見た子どもたちは緊張感をつのらせたことでしょう。ふだんの生活場面なら、

厳しい岩場も乗り越えて

ひたすら上を目指して

「行ってくるねー」とか「元気になってねー」などということばが出るのでしょうが、今は無言でお別れです。そして、真剣な表情で七合目の上、二九〇〇メートル地点にある東洋館（宿泊所）目指して、黙々と登って行きます。暗くなる前には着かなくてはなりません。これからは経験したことのない困難と向き合うことになります。全員で隊を組んで歩きます。先頭と最後尾にガイドさん、子どもたちは四つのグループ（園での日頃の生活班）で行動します。それぞれリーダーを置き、グループ内ではペアを作っています。スタッフたちは、子どもたちの様子を見て歩く順番を入れ替えさせたりしながら隊の間を行ったり来たりします。苦手な子、弱ってきている子は歩くリズムが一定している先頭のガイドさんのすぐうしろにつけるのです。

子どもたちは、ふだんのマックスをはるかに超える課題をどんと出されて、唖然とします。はかりしれない〝どうしよう⁈〟に向き合わなくてはなりません。でも、前に進むしかないのです。

あっ、がんばればできる、こつこつ歩けばいつかたどり着ける、もうダメだと思ったけどまだ力はあったんだ……いろいろな思いを秘めて、子どもたちは登り続けます。

途中で必ず不調を訴えたり泣き出したりする子が何人か出ます。からだの限界なのか精神的なものなのか、看護師さんやふだんの生活の様子を知っている保育者が、さまざまな角度から一人ひとりの子どもを常に観察しながら判断します。おなかが痛いと言い出した子はその様子からまだ大丈夫と判断してリュックをガイドさんに持ってもらい続行です。黙って歩いている子でも生あくびをくり返したり、頭痛を訴える子はその場で休ませるか、少し高度を下げて「高度順化」させます。疲労が蓄積してきて歩くことに抵抗や気力の衰えによる拒否反応が出て「もういやだ！」と訴える子、泣き出す子も出てきます。保育者は何がつらいと訴えているのかを理解し、励ましながらも、続行可能かどうか判断しなければなりません。「ここであきらめずにもうひとつ突き抜けてほしい、この子にはその力はあるはずだ」と願う反面、身の安全を守ることは絶対です。保育者も子どもと一緒にぎりぎりのかっとうを経験します。

＊ガイドさんの力

毎年付いてくれるベテランガイドの渡辺さんは、経験も知識も豊富な実にすばらしい方です。「小さな子どもたちががんばっている姿や献身的に働く若い先生を見ていたら、一人でも多く上にあげてあげたいと心から思うよ。これが本当の教育だよ。これがいいんだよ」と私たちの意図に共感と理解を寄せてくれています。そして、その年どしの子どもたちの体力や様子を的確に見極めて、休憩の取り方をみごとに配分してくれます。こうして、しっかりサポートしてくださるので私たちも安心して登れるのです。

八月末の平日ということもあって登山者でラッシュになるということはありません。大人の三分の一のスピードで登ります。晴れていてもこのあたりまで登ってくると気温がだいぶ低くなるので、途中からカッパを着ます。子どもたちは雲が下から湧いてくる様子や、はるか下に小さくなっていく小屋の姿、見晴るかす素晴らしい眺望に気分を支えられながら、がんばってひたすら歩き続けます。六合目を出発してから五時間近く、青かった空の色が紫がかってきてしだいにオレンジ色に変わってきました。到着が心配になるほどでしたが、暗くなる寸前の六時過ぎ、ようやく東洋館に着きました。

＊宿に到着

靴を宿のビニール袋にいれ、着替えてすぐ食事になるのですが、着いてすぐえみちゃんが泣きながら吐いてしまい、そのまま夕食を食べずに寝てしまいました。体力の限界を超えていたようです。食事の準備を待つ間に子どもたちの様子を確認します。今年は事前に宿と相談して、メニューは消化を考えてそれまでのハンバーグからうどんに変えていただきました（果物とヤクルトが付く）。温かいのとスルスルおなかに入るのでみんなよく食べ、おかわりをする子もいました。食事を終えたらすぐに就寝です。看護室用に個室を確保し、あとはみんな大部屋でくっつくようにして寝ます。半分以上の子はそのままぐっすり寝入ってしまいましたが、寝ながら頭痛や吐き気を訴えた子を四人看護室に移しました。他にも、寂しいと泣く子や、うなされて起きる子も何人かいました。気の張っている保育者たちは寝返りやちょっとした声にも敏感に反応して、そのたびに起き上がって子どもの様子をうかがうので、ほとんど眠らず、明け方にやっと少し熟睡するぐらいです。

大人たちはガイドさんにも参加いただいてスタッフ会議です。子どもたちの様子を確認し合い、翌日に向けて隊の組み直しの相談です。事前に三四〇〇メートルを目標にしていましたが、登頂できそうな余力がみてとれる子たちと、すでにぎりぎりの子たちと、今年は子どもたちの体力の差が大きく感じられました。「みんなで同じ所まで一緒に行く」ということではなく、「それぞれがそれぞれの精一杯に挑む体験をすることでの一緒」が富士登山の大きな目的のひとつでもあるので、翌日は登頂を目指す隊と三四〇〇メートルを目指す隊の二つに分けることにしました。子どもたち一人ひとりの心身の調子を勘案して、登頂隊と三四〇〇メートル隊の振り分けの目星を考えましたが、最終的にどちらにするか決めるのは子どもたちの判断にゆだねます。

二日目

翌二日目朝六時起床。三〇分くらいをめどに布団を整理しトイレを必ず済まして朝食用のおいなりさんをリュックに詰め、出発の準備を整えられた子どもから外で待機します。スタッフは子どもの体調をあらためて確かめます。この時点で起きてこられない子が一人、吐き気、頭痛を訴える子が二人、もう一人、顔色の悪い子がいました。確かめると頭痛がするとのこと。「登りたい」と訴えますが、無理なことを話すと、悔し涙をためながらあきらめました。幼児はその場にとどまって休んでも高山病の症状が回復しづらいので、下に降ろして回復させる必要があるのです。

二日目の登山は二〇人。出発に当たって、子どもたちに「登頂を目指す隊」と「三四〇〇メートルを目指す隊」の二つに分けて登山することを伝え、一人ひとりに判断させることにしました。余力のある子たちが数人すかさず登頂隊に手を上げます。半分以上の子が元々の目標であった三四〇〇メートルを選びました。その中で、保育者の見立てで登頂が可能だろうと思われた子には、それとなく本人に励ましのことばをかけながら登頂へのチャレンジをすすめました。中には、とても無理だろうと思われる子もいましたが、本人の希望を尊重しました。途中で無理になったら三四〇〇メートル隊に合流させるつもりです。けっきょく登頂隊が八人、三四〇〇メートル隊が一二人となりました。それぞれにガイドさんとスタッフで三人と五人付きます。夕方までに東洋館に戻ってくるためには、登りに使える時間は午後の二時までが限界です。

＊登頂隊

やる気満々、「いくぞー！」でスタート。登頂隊は前日とは違ったとても速いペースで登らなければなりません。しばらくすると、ペースについて行けず、遅れがちな子が二人出ました。隊をばらけるわけにはいかないことを子どもに話すと、二人はしばらく考えて「わかった」と言ったので、

やった〜！　ついに頂上だ〜！

雲海で下は見えなくなって

あとから来る三四〇〇メートル隊に合流させることにしました。

登るにつれ、子どもたちの結束がだんだん強まっていく様子がはっきり見てとれます。休憩時の水分補給では、「だいじょうぶ？（ペットボトルの蓋）開けてあげようか？」と相手の状態を見て気遣います。小屋が見えると、「あそこについたらオヤツ何食べようか」と励まし合っています。下の隊の子たちの姿がだんだん小さくなっていきます。体力的にはつらくなっているはずなのに、精神的にはたくましくなっていきます。きっと気持ちの面である線を越えるのでしょう。追い抜いていく大人の登山者が、小さな子どもたちの存在にびっくりして、

「君たちいくつ？　どこまで行くの？」

「ぼくたち五歳です。頂上まで行くんです！」

「すごいねー。ガンバレー！」

気分がよくなった子どもたち、パワーが湧いてくるようです。

朝ご飯と昼ご飯を途中何度もある休憩で食べます。朝リュックに詰めてきたおいなりさん、スティックパン、バナナ、ソイジョイやオレンジジュースをおなかのすき具合に合わせて自分のペースで食べる時間や量を決めていきます。もちろん片づけもしっかり、ゴミの一つも残しません。

頂上に近づくにつれて急勾配になります。ジャリ道に足をとられ、つらさが増します。元気だった子どもたちも次第に声が上がらなくなりますが、休憩でリュックにもたれてしばらく目をつぶっていると、それで回復します。でも最後はみんな無言。九合半で大人たちが子どもの荷物を持ってあげ、二時ギリギリについに登頂を果たしました！

頂上は、狭いところに人がたくさんいて、風が強く、砂ぼこりと寒さでゆっくり景色を見ている余裕もありません。からだも冷えていたので、いい思いをさせてあげたくて、小屋でラーメンを二つ頼んで、一杯を三人で分け合って食べました。子どもたちは大喜び。記念撮影を済ませてすぐに下山にかかりました。

帰りはとっととことっとこ、途中大きな岩場があるのでそこは気を引き締めます。六時前に東洋館に到着。「帰ってきた〜」の声に、心配しどおしで待っていた担任の大石先生は、泣きながら抱きかかえるように子どもたちを迎え入れています。子どもたちは疲れ切っているはずなのに、晴れ晴れとした顔をしています。だいぶ早くに帰って、のどかにすごしていた三四〇〇メートル隊の子どもたちが、「おかえり〜」と笑顔で迎えてくれました。

＊三四〇〇メートル隊

一方、この隊はゆっくりペースです。三〇〇〇メートルまで登ったところで朝食です。それでもすでに出発時にしんどそうだった子どもたちが六人、ここまでの様子を見ているとこれ以上は難しそうです。子どもたちに判断を求めました。女の子が三人、相談して決めようとしていたので、「友だちと決めないで自分の心で決めなさい」と話すと、「えみちゃんがおりるからじゃない。ひろはおりる」とはっきりと言います。けっきょくここで、六人が東洋館まで降りることになりました。

その後、登頂組から合流してきた二人をまじえて、三四〇〇メートルを目指します。弱気を見せずに黙々と歩く子。ペアで「けやの森ファイト！」と気合いを入れながら歩く子。元気だけど足もとが少しふらつきながらがんばっている子。時々涙を浮かべる子。それでも、突然大きく現れた虹に歓声を上げたり、雲の流れを見たり、雲に包まれれば大きな口を開けて「あま〜い」といって食べたり、景色を眺めたりしながら楽しく登って行きました。目標の三四〇〇メートルでゆっくりお昼ご飯を食べたあと、下山。二時過ぎには東洋館に着き、登頂組を待ちました。途中具合の悪くなった子どももいましたが、東洋館に戻って休めば元気があり余るほど回復してしまいます。

全員揃っての夕食はカレー。みんなおかわりするほどの勢いでよく食べました。そのあと、班ごとにふり返りをして、八時半に就寝しました。ちょっとお家が恋しくて寂しくなった子もいましたが、この日はみんなよく眠りました。

三日目

最終日、バスの待つ五合目まで下山して、園に帰るだけです。六時半に起床して布団整理、身支度、トイレを済ませて、お世話になった東洋館の方に元気に「ありがとう。さよなら～」とあいさつします。宿の方たちも「みんな、よくがんばったね」と送ってくれます。「先生たちはいつ寝ているのですか？」とか、たくさんの荷物を運ぶスタッフのリュックの重さにびっくりなされます。子どもたちもゴミはリュックにぶら下げて全部持ち帰ります。

下山途中で朝食と昼食を済ませます。もうすぐお母さんたちに会える子どもたちは表情も明るく駐車場に向かいます。一時にはバスに乗り、三時には園に着くのですが、バスの中ではほとんどの子が首をがっくりさせて爆睡です。

帰ってきた子どもの姿を見て、保護者はみなさん安心と感激のあまり涙を流します。

何にいちばん感動しているかといえば、日焼けしてほこりだらけだけれど、たった三日の間に我が子がどことなく大人っぽい表情になっていることのようです。

園のテラスで先生が子どもたちに告げます。「荷物を詰め替えてください。園から貸し出したスパッツをリュックから出して返してください」。

するとどの子も機敏にリュックを開けてスパッツを取り出し、また荷物を詰め直します。その姿を見ただけで、成長したなと涙ぐんでしまうのです。

登山の様子を報告する保育者たちも、子どもたちのがんばりを伝えながら涙がポロポロ。毎年この光景がくり広げられます。

保育者の思い

年長担任の大石先生は経験二年目の若い保育者で、初めて年長を受け持って、このキャンプに対しても責任感のあまり緊張と不安がたくさんあったことでしょう。子どもと心をつなぐということでも苦労していて、年度当初は、ややもすると保育者の願いやつもりが先行して、子どもたちのつもりとうまくかみあわず、お互いの気持ちが通じ合っていない様子も見てとれました。そんな子どもたちの姿を通して、中には担任に不満を持つ保護者たちもいました。いっとき「富士登山が中止になるのでは」という、あらぬうわさがたったこともあります。園長が仲立ちになってわだかまりを解消するために父母懇談会を持って率直な話し合いをしたこともあります。園長は大石先生が子どもともっと心が通い合えるようになるために、アドバイスをしたりして見守っていました。そんな大石先生と子どもたちの関係は、富士登山体験を経て距離がぐっと縮まることになるのですが、大石先生は「ひとりだちキャンプ」後に、長いクラス便りを保護者のみなさんに届けます。以下はその抜粋です。

うみぐみだより〜ひとりだちキャンプを終えて　　二〇一二年九月一九日

（前略）

「ひとりだちキャンプ」を振り返ってみると、私自身、子どもたちと富士山に登ることをわくわくしながらも、緊張と不安と楽しみが入り混じって一学期を過ごしていました。キャンプが近づくにつれ、「もっと子どもたちが自分自身のことをしっかりとできるように配慮していかなくちゃ！」「もっと集中できるように声をかけていかなくちゃ！」とピリピリしてしまうこともありました。また、投薬の関係や安全の確保のためにも何度も何度もシミュレーションをしたり、職員間のスタッフの編成をしたりと、子どもたちが富士登山でどんな問題がでてくるのか、どういった状況になるのかを想像しては、相談することのくり返しとなり、子どもたちの力や心を信じて、その子どもたちの力をどうやって支えられるのかの不安もありました。しかし、子どもたちから「富士山のために靴をはいて歩いているよ」「カッパの練習しているんだ」「荷物の出し入れの練習しているよ」「朝、歩いているよ」「富士山で景色を見るのが楽しみだね」という声を耳にしては、子どもたちも保護者の方もこのキャンプに向けて力を注いでくださっていることにうれしさを感じ、私もがんばろうと力をもらいました。

一方で、「家で、子どもが不安から涙を流していました」などの声も耳にして、「そうだよね。三日間家族と離れてしかも富士山に登るとなると、さびしい気持ちや不安な気持ちもあるよね」と思い、私がどっしりと構えてキャンプに臨まなくちゃ！　と心持ちを確かめました。しかし、先生方から、家族と離れてキャンプに行くことに不安や寂しさから、子どもは熱を出してしまったり体調が崩れてしまったりすることもあると聞き、当日二六名が参加できるのだろうかという心配もでてきました。

（中略）

いざ、キャンプがはじまっていくと、私の想像以上に子どもたち一人ひとりの姿が見えてきました。もしかしたら不安や寂しさやつらさから号泣するかもしれないと思っていた子が、実際は、歯を食いしばって、「つらい」ということばも言わずに黙々と歩き続ける姿。涙をためながらも、岩をよじ登り、次の岩へと手をかけて上を目指してがんばって登っていく姿。自分から友だちに「ペットボトルとってあげるよ」と疲れていてもザックから取り出してあげる姿。雲が流れていく時にふだん大きな声をださない子が感激で手を広げて友だちと「すごいねー！」と言い合っている姿。先に登っている子どもが、あとから来る子に「がんばってー！」と何度も励ます姿。もっと力が蓄えられているのではないかという子が、「お腹痛い……」と荷物をもってもらい甘える姿。何度も何度も不満を口にする姿、疲れから身支度が雑になる姿。話を聞かずに自分の考えていることにいっぱいになり歩き方がフラフラしている姿。ちょっとしたきっかけで涙があふれ、限界がきているのに挑戦したいという強い想いをもっている姿。雲や景色の発見をして、気持ちを前向きに切り替えていける姿。子どもたちの素直な姿がありありと見えてきました。

子どもたちと一緒にキャンプを過ごすことができて本当によかったです。感激する場面もありますが、もっと自分の力を出してほしいと願うばかりに少しきつく喝をいれてしまうこともありました。それでも子どもたちは、キャンプの目的である「今の自分の姿を知る」ということを子どもが自分自身で感じることができたと思いたいところです。

（中略）

九月に入ってから、今回のキャンプをうみぐみの子どもたちと話しました。キャンプがはじまる前のお休みに「行きたくないと思った」という子も何人かいました。それでも子どもたちは「友だちと一緒だからいけると思った」と決意をして参加したと聞きました。体調を崩して下山をした子どもたちは「もっと登りたかった」「だけど苦しかったからもう登りたくなかった」という話も出てきました。上を目指してがんばりたいと決断したことも、三四〇〇メートルまで登ると決断したことも、三〇〇〇メートルで充分だから降りると決断したことも、体調が悪いから下山すると決断したことも、自分の心と向き合って決めたこと。だから、もっとがんばりたくても力を出せなくて諦めるという決断をしたことも大事なこと、自分ではどうにもならないことと向き合うことで自分の意志とは反した結果を受け入れるという勇気も大事なことだったと子どもたちと話しました。

どうして富士山に行くのか、「ひとりだちキャンプ」は誰のためのキャンプなのか、子どもたちとキャンプの振り返りをした時に子どもたちの表情が引き締まったのが感じられました。子どもたちの課題は一人ひとり違います。年長のキャンプまでは「クラスみんなで課題を……」という方向でしたが、年長児の中間となる二学期には、子どもたちがそれぞれ自分で考え行動していく力をつけていきたいです。「ひとりだちキャンプ」を終えた年長の二学期だからこそ、子どもが自分自身と向き合いながら自分の力を広げていけるように、私は少し子どもを側から見守り信じるという対応へ移していかなくてはと思います。

気になるから、子どもたちにこうなってほしいという願いがあるから、ひとつひとつていねいに関わっていこうとしてしまいましたが、少し、子どもに任せてみたいと思います。任せられるように私も今まで以上に活動への意図を伝え、子どもが動けるように活動の準備をし、私自身の感情を伝えていきたいと思います。

キャンプに関しての想いが保護者の方々にもたくさんでているとのことですので、キャンプ後の座談会を開きたいと思います。ぜひお時間を作っていただけたらと思っています。よろしくお願いいたします。

また、毎年スタッフの一員として中心的な役割を担ってきている中堅保育者は、あらためてキャンプの意義についてふり返りをした文章の最後を、次のようなことばでしめくくっています。

現在、保育界で「気になる子」と称される子どもが増えてきています。視線が合わずコミュニケーションがとれない子、集団行動が苦手な子、あらゆる経験が足りない子、ことばの意味や人の思いが読み取れない子、年を追うごとに一人ひとりに手を掛け、家庭環境を考慮し、個別な対応をしなければならなくなっていることは事実です。それは時として個性であり、尊重しなければならないと言われることもありますが、私は個性や自由として認める境界線は必要なのではないかと思っています。価値観の多様化が人として許されることと、そうでないことの判断を個人に任せて曖昧にしてしまっているのではないかと危惧しています。

その判断基準を、今を生きる、これからを生きる子どもたちに伝えるには、富士登山を身をもって体験することが一番だと考えています。気を許せば命の危険すらあると感じれば、子どもたちは真剣になります。自分自身（からだばかりでなく心も）を守ろうと思えば、真実を伝えること、約束を果たすことは重要な意味を持ってきます。それがひいては、物事の道理を理解し、自然や人の厳しさや温かさを感じる人間性にもつながると私は信じています。

そんな境地へ導くためには、私たち保育者がふだんから子ども一人ひとりをよく見つめ、その子の課題を明確にもち、あらゆるシチュエーションを想定して自身の姿勢も明確に、覚悟を決めて向かうことが重要になってくるのだと思っています。子どもの限界を見極め、どこで手を差し伸べようか、何てことばを返そうか、迷いながらも決断を迫られる状況は、私にとって毎回葛藤がありますが、そんな時、子どもは自分の損得や願望に惑わされることなく、本当の姿を見せてくれるような気がします。そんな場面に遭遇したとき、良くも悪くも子どもの姿が予想に反していたとしても、その瞬間が子どもにとっても保育者にとっても自分の力を知り、すすむ方向を決断させ、自立のきっかけに繋がるのだと思います。

富士登山がもたらすものがいつ子どもたちに影響し、学びや成長として形に表れるのが一か月後なのか、半年後なのか、はたまた一〇年先なのかはわかりませんし、そもそも何も起こらないかもしれません。効果を学術的な見地から確実な数値で表すことも不可能です。ただ、私たちは子どものもつ感性を信じ、いつか自分の手におえないようなことが起こった時、無情な悲しみに包まれた時、道に迷った時に、五歳で登った富士山の光景を思い出し、困難を乗り越える糧にしてくれることを願っています。

保護者の受けとめ

園では毎年「ひとりだちキャンプ　事後アンケート」をとっています。子どもには「楽しかったこと」「苦しかったこと」「伝えたいこと」「また挑戦したいですか?」をたずねます。保護者には「キャンプ前後の子どもの様子・変化」「キャンプ後の子どもの体調」「キャンプを経験させた感想」「その他、気がついたことなど」を記入していただき、それ自体が子どもの成長の記録になり、今後の参考にもなります。

子どもたちがうれしかったことは、みんなで富士山に登れたこと、きれいな景色が見られたことやいろんな生きものがいたこと、岩を登ったことなど。苦しかったことは、長い時間歩いたこと、寒さやおなかが痛くなったこと、お母さんお父さんと離れて寂しかったことなどを言っていました。また挑戦したいですか?　には、六〇%の子が「はい」と応えています。

保護者からの声をいくつか抜粋しておきます。

・登山後はとても興奮しており、二、三日ハイテンションな日々が続いた。自信に満ちあふれていた。何でも前以上に興味を持って取り組むようになった。子どもの成長が顕著に見られました。参加させてよかったと思います。

・ふだんは自分からがんばるという言うほうではないのですが、自分から三四〇〇メートルを登ると決めたと聞いて驚きました。尋ねると「がんばりたかったから」と聞き、娘はきちんとがんばることの大切さをわかっていたのだとうれしく思いました。みずほ（大石）先生が最初に二人下山が決まったときに泣き、その後もたびたび涙していたことを聞き、どれほどの思いでこの富士登山に臨んだかと思うと、みずほ先生がうみ組の担任でよかったなあと思います。

・親が思っている以上に子どもはできるのだとあらためて思いました。以前、朝代（園長）先生が最後は気持ちだと言っていましたが、本当にそうだと思いました。子どもたちの思いもすごかったと思いますが、先生方の子どもたちを思う気持ちが大成功につながったのだと思います。今年の夏休みは富士登山という目標に向けて親子で努力する日々でした。思い返せば充実していて楽しかったです。

・選択を迫られたとき、なかなか答えを出せないことが多く、いつもいろんな思いが入り交じり、最後には泣き出してしまうのですが、三〇〇〇メートルで選択するとき自分で「もうやめる」と答えを出せたのがよかったです。帰宅した日は、みんなに「ありがとう」をいつもよりよく言ってくれたような気がします。家族のありがたみがあらためてわかったのかな？　なんて思いました。

・何かに挑戦する前に頭で考えることがありますが、「やってみないとわからないからね」との声を聞き、ほんとうに驚きました。以前は少々できないことがあると手伝って〜と言ってきましたが、「やらないで！」とか、文字を読もうとすると「言わないで！」と自分で何とかしようという気持ちも増えたようです。私のほうが成長しないと…という感じです。

などなど。また、多くの保護者から園へのねぎらいや感謝のことばも添えていただき、ありがたい限りでした。なにより、私たちの願いが保護者の方々に伝わっていること、我が子を見る目が変わってきている様子が伺われ、改めて「体験すること」の大事さに確信を深めました。八合目止まりだったある子どものお父さんは、九月になってから子どもと一緒にチャレンジ。自ら並大抵のことではなかったことを体験され、「……何とか登頂を果たしました。一度ダメでもまたやってみる気持ちが大切。人生は一度でスムーズにいくことよりも、つまずくことのほうが多いのですから……」と、伝えてくれました。

子どもたちは確かに「つらかった」面もあるわけですが、この体験を子どもは生涯忘れないようです。そして、後々はきっといい想い出、貴重な体験として心の中で変化していくに違いないと思っています。

在園生のお母さんが、とても興味深い話をしてくれました。子どもが入院したら、隣のベッドにいた女子大生が、偶然けやの森学園の卒園生だったというのです。

その女性は、「雨の日のえんそく」という作文を書いて何かの賞をいただいた経験があるらしいのですが、その遠足というのが「ひとりだちキャンプ」だったのです。

「ざんざんぶりの雨の中を歩いて、みんな泣きながら山小屋にたどり着いたんです。あれほど苦しいことは自分の人生にはもうないだろう、あれが最大の試練だとずっと思っていました。だから厳しい受験も、さほど大変だと思わず乗り越えられました」と言ったそうです。

幼児期に経験したことが、心の支えになって、十数年の時を経ても心に深く刻み込まれているのです。本当にうれしく思いました。

次年度、新たな発展を期して

こうして、子どもたちにとってばかりでなく、保護者たちにとっても私たち保育者にとっても、貴重な育ちの契機となる富士登山体験ですが、次年度からは形を変えて保護者も一緒に富士登山にチャレンジする取り組みにしたいと考えています。

一番の理由は子どもたちの変化です。幸いこれまで一度も事故は起こしていませんが、子どもたちの体力面・精神面での低下を年々感じています。アレルギー、アトピー、ぜんそくその他諸々の症状を抱えた子どもが増えてきています。日常の生活で逼迫する経験があまりないため、がまんすることができにくくもなっています。また、自身の変調を表現する仕方がわかっていないのか、危険を知らせる力も弱まってきているようです。ですから、早め早めに大人が対応しないと大事に至る恐れもあります。毎年スタッフの増員で補ってきていますが、それも限界があります。

また、前述のアンケートにも見られるように、保護者の富士登山への期待は高まるばかりです。中には富士登山を入園の決め手にけやの森に来られる方もいます。ところが、子どもの持病を押してでも登山を希望される方もおられ、無理ではないかという園の判断がなかなか了承いただけず、医師をまじえて何度も相談するという事態もあります。体調不良のため初日で登山を断念せざるを得ない子については、保護者の方にお迎えをしていただくことになるのですが、失望が園への不満になってしまうこともあります。

そうしたことを踏まえていくと、富士登山のようないいプログラムはなくしたくないし、かといって、正直スタッフだけでは安全に行うことは無理だと判断し、今後は親子で富士登山にチャレンジしたいと考えています。そうすれば、保護者もふだんでは見られない子どもの真剣な姿を直に見ることができますし、同じ大変な体験をする中で、何より絆もいっそう深まることでしょう。そうして、保育者と保護者とで、子どもたちがすばらしい力を持っていることや、子どもの捉え方や接し方について共有できる機会になることでしょう。

スノーキャンプ

冬の特別な自然体験は、黒姫高原でのスノーキャンプです。この年は一月の五日～七日の二泊三日、年長児二六名全員参加で取り組みました。富士登山のときとは変わって、雪あそびやスキーにチャレンジして、冬の大自然を心ゆくまで楽しんで満喫することが目的です。もちろん家庭を離れての生活になるので、身の回りのことは自分ですることが求められますし、仲間との集団生活を通して互いの思いを伝え合い、力を合わせて生活する自主・自立の心を育むことも目的です。

ただ、富士山の「ひとりだちキャンプ」体験も経て、そのあと二学期の活動を通して自分たちで生活や活動を主導していく力をぐっと付けてきた子どもたちにとっては、家庭から離れても、身の回りのことなどをそれほど苦労することなく、かえって友だちとの生活を楽しむ余裕すら感じられます。

また、冬の大自然相手だからこそ湧き起こる不思議の心をめぐらして、さまざまな学び体験の場としても位置づけています。夕食後に専門家の先生にも参加していただいて「なんでも会議」というのを設けているのですが、今年は宿舎の軒にたくさん下がっている大きなつららがどのようにしてできるのかを、実際に観察したうえでみんなで考え合いました。

「つららのまん中に穴が通っていてそこに屋根からの水が入ってきて、先っぽのほうがだんだん伸びてくるのではないか」と考えた子、「雪が吹き付けられて、だんだん大きくなるのではないか」と言う子など、みんなしていろいろ考えをめぐらせます。専門家の先生の援助を得ながら、最後には、日中お日様の熱で屋根の雪が溶かされ、水となって軒先から落ちているのが、日が陰ったり夕方になって気温が急激に下がってくる中で、落ちようとしている水がぶら下がった形で凍っていくこと。次の日また同じことがくり返され、小さなつららを伝わっていく間に凍り、何日かかけて次第に大きなつららになっていくということを知りました。

難しい話しなので、子どもたちはよくわかっていないのではないかと思っていたのですが、後日、保護者への報告会で「つららのできるまで」をしっかりと発表して、みんなを感心させた子どもがいました。この子は年度当初はとっても落ち着きのない子で、ていねいな働きかけを心がけていた子です。この日は、この子の「いいところ」に気づいた大人たちでした。ほめられた本人も自分に自信をもつことになった出来事だったようです。照れながら「ぼく、頭がいいのかな?」なんてつぶやいていました。

雪の林の中には、さまざまな動物たちの足跡が転々と残っているのを見つけることができます。「ウサギじゃない?」「キツネだよ」「あっ、ここにウンチがある!」「ウサギのウンチだよ」……ときには幸運にも、動物の姿を見つけることもあります。一面の銀世界、その中で生きる動物たち、『キャンプのしおり』に載せてある動物たちの足跡のイラストを思い起こして推理はつきません。大自然の神秘を感じる一瞬です。動物園での出会いとはまったく違った感動を大人たちにも与えてくれます。

濡れたら手や足がちぎれるほど痛いことも体験します。降り続いていた雪が突然目の前が見えなくなるほどの吹雪に変わり、南極のペンギンのようにみんなでからだを寄せ合ってやり過ごしたこともありました。「うんと大きな雪だるまを作るんだ」と楽しみにしていた子どもたちが、雪がサラサラすぎて作れなかったり、ふだん経験することのない大自然の中での体験は、子どもたちにたくさんの刺激を与えてくれます。

＊何よりも楽しさを

でも、一番の目的はなんといっても雪の大自然相手に思いっきりあそぶことです。

初日は、スキー板の着脱を覚えて、比較的平らなところで板を付けたまま歩き回れるように練習します。しばらくすれば、どの子も辺りを歩き回れるようになります。思いっきり雪合戦やそりあそびを楽しんだり、お手伝いのお父さんたちと一緒に雪のお家（イグルー）を作ったりします。今年は、プラスチックの容器に雪を詰め込んで、四角い雪のブロックをたくさん作り、それを積み上げてドーム型の家にして、シートを敷いて中であそびました。

二日目はスキーです。グループに分かれてインストラクターのていねいな指導を受けるので、初めての子でもしばらく練習すれば、みんなボーゲンで斜面を滑れるようになります。それからリフトに乗って上まで行き、ゲレンデを滑り降りてきます。転ぶことを怖がってなかなか踏み出せない

2日目には全員が滑れるようになる

子もいますが、ちょっと下のところでインストラクターが「ここをめがけて滑っておいでー」と大きく手を広げて待ち構えてあげると、子どもはそこに飛び込むように滑って行って、抱きかかえてもらって止まります。そんなことを何回かくり返していくうちに、転ぶことにも慣れ、滑ることがだんだんに面白くなってきます。こうして毎年、二日目には全員が滑れるようになり、最後はゲレンデから宿舎までの二キロほどの道のりをみんなでスキーをはいたまま帰って行くことができます。静まりかえった林の中に子どもたちの声が吸い込まれていきます。このときよく動物に出会ったりします。カーブや起伏もそれなりにあり、ちょっとしたクロスカントリーでもあり、冒険の醍醐味も味わえる時間です。

最終日はスキーと雪あそびを子どもたちが自分でやりたいほうを選んで過ごします。スキーの面白さにはまった子、がんばってもっと上達したい子、ソリあそびや雪合戦を選ぶ子とそれぞれですが、それぞれに「うんと楽しい体験」

になることを大切にして三日間過ごして帰ってくるのです。

富士登山と黒姫高原、五感と頭とからだをフルに働かせて「うんと厳しい」「うんと優しい」「うんと気持ちがいい」「うんと大変」、でもそのあとに心から「やれた！」という自信、「できた！」という満足感、「やった！」という喜びが心の底から湧いてきて、「生きる力」の土台を育んでいきます。私たちは「自然の教育」の理念を形にするために、さまざま実践の試行錯誤をくり返してきていますが、この活動をはずさないでよかったと今、つくづく思っています。

3章

「水のめぐり」で過ごした一年間

年長児の総合的活動と協同的学び

一学期　体験

新しい生活がはじまる

男児一〇名、女児一四名、計二四名の新しい色のバッジを胸につけた子どもたち。桜の柔らかいピンクと芽吹いたばかりの若葉の清々しい緑の中、最年長になった喜びと緊張感が入り混じった表情で登園してきた始業式の朝から、ちょっとくすぐったいような、春の生活がスタートしました。

どこかぎこちない挨拶を交わし、お互いに表情をうかがいながら、これから先どうやって付き合っていこうかと模索しているように思えた四月。それでも、私のことばに素直に耳を傾け、何か提案するといつも「いいよ」と応えてくれる穏やかさに安心感を覚えました。気兼ねなく話ができるようになりたいと思い、どろんこあそびや水あそび、鬼ごっこをして毎日一緒にあそびました。

五月になり、「せんせ〜！」「なぁに？」という自然な会話も生まれてきたころ、穏やかなクラスの雰囲気に私はどことなく物足りなさを感じるようになってきていました。それは、「どう思う？」「どうしたらいい？」「なぜだろう？」という問いかけに活発な反応が返ってこないからでした。意見を求められると、途端に下を向いて目を逸らす子もいました。子どもたちにもっと自分の思いを主張し、ぶつけてきてほしい、そう思うようになりました。

自分の感じ方や考えを持つこと、安心してそれを表現し伝えること、これがこの一年の子どもたちの課題であると考えました。そしてそのために、日常のさまざまな体験から何かを追求する活動を用意すること、その結果、さらに子どもが自ら何かを追求し、考えたり表現したりする楽しさを味わえる環境を作ること、これが私の役割だと考えました。

こんな思いを抱きながら子どもたちの眼を見つめていると、まだまだ秘めた力があるに違いない！　それを引き出してみたい！　とうずうずしました。卒園する頃の子どもたちはどんな変化を見せてくれているのだろうと想像するだけで、これからの日々が楽しみになりました。実は、子どもたちは年度の後半、私が「追いついていけない！」と内心焦りを感じるほどの成長の姿を見せてくれることになるのですが、そのことは、このときの私には想像もつかないことでした。

きっかけがほしい

けやの森学園では毎年、年長児は日々の生活の中で起こる出来事をきっかけにテーマを決めて一年間を過ごしていきます。ある年は林で見つけた穴を追って、モグラについて研究しました（1章参照）。そしてある年は砂場で偶然見つけた屋根瓦の不思議な模様が、かみなり様と関係があるに違いないと、手紙の交換や創作劇を通してかみなり様の世界を楽しみました。また、前年度担当した年長児たちとは、畑係のお母さんのお手伝いで収穫したグリンピースの販売中、売り上げを手にした子どもが「これ、僕たちで分けっこしよーね」と会話をしているのを聞いたことをきっかけに、作物を育て、収穫し、調理、販売するという畑から生まれる労作を体験することによって社会のしくみを学びました。毎回販売で得たお金から材料費を引き、売り上げをクラス全員で分け合い、それをゆめの貯金箱と称したビンに貯め、貯めたお金から次の作物の種を買いました。年間を通してそれを何度かくり返し、最後はそのお金でモノレールに乗ってお別れ遠足に出かけました。いつでも子どもの何気ない会話や、なぜだろう？　何だろう？　と不思議に思う探求心を出発点として、保育が展開されます。

しかし、この年は年間で組み込まれている自然体験と、これまでけやの森が培ってきた実践（特に十数年前に行った入間川の源流から東京湾を目指したカヌーでの川下りの経験）を活かしたいという園長の提案によって、『水のめぐり』をテーマにしようと職員間で話し合っていました。今までの保育の展開とは逆のアプローチを求められたことに戸惑いを感じつつ、私としては予めテーマが決められていたとしても、どうしても子どもが自然に水に対して興味や疑問を抱くきっかけがほしいと思っていました。それは私にとって、子どもが中心となって主体的に活動を展開するための必須条件でした。そのきっかけを見つけられず、どこから水のめぐりに繋げたらいいのだろうと頭を悩ませていたある日、畑で大事件が起こりました。

大変！　サツマイモの苗が枯れちゃった

五月二〇日。上旬に植えたサツマイモの苗の様子を見に、園から徒歩で二〇分ほどの所に借りている畑に向かいました。道すがら子どもたちは「葉っぱ、大きくなってるかな？」「葉っぱがいっぱいになってるかもしれないね」「オイモできたら、サツマイモごはん作りたいな～」等と苗の成長を楽しみに想像していました。ところが畑に着いてみると……なんと一面の苗はどれも根付かず、力なく枯れてしまっていました。子どもたちはしばし茫然。苗の前に膝をついてことばを失う子もいれば、枯れた苗をなでたり、必死に土をかけたりする子もいました。そんな子どもたちに、私はゆっくりと問いかけました。

保「苗はどうなってる？」

子「元気がない」

「茶色くなってる」

「枯れちゃってる」

「どうしよう……」

保「そうだね。ほとんど枯れてしまっているね。どうしてこんなことになっちゃったんだろう？」

苗がみんな枯れちゃった

子「水が足りなかったんじゃない？」
「本物の水が必要なんだよ」
保「本物の水って？」
子「水道から出てくる水だよ」
「飲める水ってこと」
保「へぇ～　そうなんだ。じゃあ水道の水があれば助かったってこと？」
子「そうだよ。水がないと枯れちゃうんだもん」
この後の話し合いでもう一度新しく苗を植え直し、ペットボトルに水を入れて畑に持って行こうということになりました。また、翌日クラスでこの出来事を振り返ったときには、サツマイモの植え方と太陽と水との関係、植物の成長と雨との関係について次のようなやり取りがうまれました。

枯れるってどういうこと？

保「昨日は畑に行ったよね？　サツマイモの苗はどうなってたんだっけ？」
子「枯れてた！」
「枯れてるのと、生きてるのがちょびっとあった」
保「そう、枯れてたんだよね。枯れてるともう育たないから、新しい苗をまた植えようってことになったんだよね？　ところで、枯れてるってどういうこと？」
子「息ができないってこと。死んじゃったってこと」
「黒くなってた」
「病気になったってことじゃない？」
保「そうだね。みんなが植えたとき、苗は何色だったの？」
子「緑だった」
保「昨日は？」
子「黄色！」
「茶色もあった」
保「枯れると色が変わって、元気がなくなるんだよね。じゃあ、どうして枯れてしまったんだろう？」
子「……」
「栄養が足りなかった」
保「じゃあ、庭に咲いている花で考えてみて！　花はどうやって育てる？　放っておいたらどうなる？」
（花壇の水やりもみんなでやっています。）
子「枯れちゃう」

子「あっ！　水をあげないとダメだよ」
保「そう。水が必要だよね。昨日、近さんも言ってたね。みんなが植えてからずっと雨が降らなかったって。だから枯れちゃったのかもしれないね」
（近さん：在園児の苗屋さんをしているお父さん。子どもたちの畑の活動にいつもご協力いただいていました。）
子「土と水と太陽が栄養になるってママが言ってた。宿題って言われたから聞いてきたよ」
保「ちゃんと考えてきたんだ！　じゃあ、どこからサツマイモは栄養をとってるのかな？」
子「土に栄養があると思う」
「土が雨に濡れて、栄養が入る？」
保「雨が降ると土はどうなる？」
子「濡れる！」「ドロドロになる！」「黒くなる！」
保「雨が降ると土は湿るよね？　そうすると、土にある栄養が雨に溶けるってこと？」
子「それで、それを吸うんじゃない？」
「わかった！　吸った後にまた太陽で乾くんじゃない？」
保「だんだんわかってきたね！　そうだよね、洗濯物は干して太陽に当てるとどうなる？」
子「乾く！」
保「じゃあ、土の上のほうと、下のほうだとどっちが早く乾くかな？」

「上のほう！」

保「どうして？」

子「だって、外に出てるから」

「お家も中は涼しいけど、外は暑いもんね」

保「そうだね。太陽がよく当たるほど早く乾くんだよね。だから昨日、近さんはどうやって植えるといいよって教えてくれたの？」

子「ぎゅーって押す！」「深く植える！」「奥まで押す！」

保「そうだったね。近さんが昨日教えてくれたことの意味がわかったかな？　今度は枯らさないように、しっかり植えてこようね！」

本来サツマイモはあえて水をやらなくても育つと言われています。子どもたちの苗の植え方が浅かったために、近さんから「枯れてしまう」と心配の声が上がり、大人が手を加えることも提案されました。しかし、枯れた場合には、どうしてそうなってしまったか子どもたちが考えるいい機会になると思い、そのまま様子を見ることにしました。また、この年は例年予定している苗を植える日程と梅雨の訪れに誤差が生じたことが苗枯れの原因だったと考えられます。サツマイモは苗を植え直してから子どもたちが決めたとおりに畑に行く際にはペットボトルに入れて持っていった水を撒きながら順調に育ち、ジャガイモと同様に雑草を取ったり、土をかけ直したり、ツル切りをしたりして一〇月終盤に収穫。この年はサツマイモシチューを作って味わいました。

話し合いは、まだまだ続きます。

水分って何？

保「それから、昨日はジャガイモも見たよね？」
子「芽かきした！」
保「間引きだよ。どうして間引きをするんだっけ？」
子「ぎゅうぎゅう詰めだから！」
保「抜いてみたら、赤ちゃんお芋がいっぱいついていたね！　どうしてぎゅうぎゅう詰めだとダメなの？」
子「苦しくて大きくなれないから」
保「じゃあ、ここは土の中、みんなは赤ちゃんオイモ。円の中の栄養をみんなで食べるぞー！」
子「バクバクバクバク！」「オレもー」「あ〜なくなっちゃう〜」
（大盛り上がり）
保「そうそう、みんながオレも〜、あたしも〜って栄養を奪い合うと、みんなが充分大きくなれないんだよね？　だから、はやと君オイモごめんね〜、さやちゃんオイモごめんね〜って抜いて、残ったおいもが大きくなれるようにするんだよね！」

「どうやって抜いたの？」
子「細いほうを抜いて、太いほうを残した」
保「どうして？」
子「太いほうが強くて、強いほうを残したほうが大きくなるから」
保「なるほどね〜。じゃあ間引きの意味もわかったかな？」
子「あとさ、葉っぱに毛が生えてたんだよね？」
「そうそう」「いっぱい生えてたよね」「白かった」
「ちくちくしてた」
保「どうして毛が生えてるのかな？　人間にも髪の毛とか眉毛とか生えてるけど」
子「うちのパパもいっぱい生えてるよ！　お腹とか！」
「ええーっ！　うちのパパなんかおちんちんに生えてるもんねー！」
「まみちゃんちのパパも生えてるよ！」
保「どうして生えてるの？」
子「大事なところに生えてるんだよ！」
「あと、おっぱいの周りにも！」
「きゃー！」　（しばらくパパの毛の話題で大盛り上がり。　笑）
保「で、ジャガイモはどうして毛があるの？」

子「水分とるんでしょ?」
保「えーーーっ?? 何で知ってるの?」
子「なんか、前に言ってた気がする……」
保「すごい! そうなの。去年、ももちゃんが毛を見つけて、近さんに聞いたらね、みんなが吸っているこの空気の中にも水分があって、ジャガイモはそれを毛で吸収しているんだよって教えてもらったんだ」
子「水分って何?」
「水とかお茶とか」
「ジュースとかも?」
保「そう。人間にとっては水分は飲み物にもなるよ。ジャガイモやサツマイモにとっては水分は何になるのかな? 今度畑に行ったら近さんに何か聞いてみたいことはある?」
子「どうして水分が必要なのって」
保「それはいい質問だね! じゃあまずは、人間について考えてみようか? 水分がなかったらどうなるか? これを宿題にするから考えてきて! 畑に行く前にまたみんなで話し合って、それから近さんに聞こう」
子「僕は、どうして水ができるんだろうって聞きたい」
保「それもいいね! ふしぎだよね?」

「実は、今年は水は何処から生まれてどうなっていくんだろうってことをみんなと考えていきたいって思ってるんだ！　今度川あそびもあるし、これはみんなで少しずつ探っていこう！　今日はみんながたくさん発表して話し合いができてとってもうれしいな。まだ、恥ずかしいな、何を言えばいいかわからないなって人もいると思うけど、これからもっとみんなが参加する話し合いができたらいいなって思ってるから勇気を出してね」

この話し合いの結果、子どもの口から私が待ち望んでいた『どうして水ができるんだろう』ということばが出てきました。

本物の水は水道水

畑での出来事から、子どもたちが水への関心を示したことで、この年のテーマにしたいと考えていた『水のめぐり』を取り上げていくきっかけができたと考えました。そして、私が着目したのは、子どもが畑で口にした『本物の水』ということばです。「本物の水とは？」と問われたとしたら、どんな水を連想するでしょうか？　私は迷わず自然から湧き出る天然水を連想しました。けれど子どもたちは水道水（人口の水）が本物の水だと思っていたのです。その捉え方の違いに面白さを感じ、活動をすすめるヒントを得たような気がしました。そこで、まずは水道水について考えてみよ

タイヤチューブで流れに乗ってあそぶ

うと思いました。

木々の緑が日に日に濃くなり、時に汗ばむ陽気にもなる五月下旬。園庭では水あそびが楽しくなり、ホースから飛び散る水にキャッキャッと笑いながら裸足で駆け回る子どもたちの姿が見られるようになっていました。あそびを通してもっと水と親しんでほしいと思い、私は子どもたちと入間川の上流へ川あそびに出かけました（入間川は園から子どもの足で徒歩で一〇分位にあるのですが、川あそびをするには園バスで四〇分くらい上流の水のきれいな場所に行きます。安全を確保するために保護者の協力も得ています）。太陽が眩しく、川面がキラキラと光る絶好のコンディション。子どもたちは園に常備してあるライフジャケットを身に着け、ロープをつたって川を歩いたり、チューブに乗って流れたり、大きな岩から飛び込んだり……。澄み切った冷たい自然の水と思いきり戯れてあそびました。

昼食を終え、川面を見ながらその日の「まとめ」（話し合い）をしていたときのこと。私は子どもたちにある問いを投げかけました。
保「みんなは本物の水は、水道から出てくる飲める水だって思っているんだよね？」
子「うん」
保「じゃあ、その水道の水は何処から流れてくるの？」
子「……」「わからない」
保「今日あそんだこの川の水と水道から出てくる水は同じもの？　違うもの？」
子「たぶん同じ…かな？」
保「じゃあ、この川の水はこのまま飲めるの？」
子「飲めなーい」
保「どうして？」
子「だって砂とか石とかあって汚いから……」
「葉っぱとか浮いてるし」
「どうやってお家の水道から出てくるんだろう？」
「どこを通ってくるのかな？」
「どこかできれいにしているはずなんだけどなぁ」
保「そうだね。そこが気になるね。それに、そもそも川の水はどこからくるの？」
子「雨じゃない？」

保「じゃあ、どうして雨が降らない日が続いても川の水は流れ続けているの？」
子「……」
「いいぞいいぞ！　いい感じ♪」私は心の中で思わずガッツポーズ。次の展開が見えてきたとうれしくなりました。そして、子どもたちの疑問を解決しながら水への関心を深めていく構想がぐんぐん湧いてきました。園長や主任、自然体験を担当する職員とも話し合い、翌週の水曜日、幼稚舎の降園後次の活動の下見へと出かけました。

水道水はどこでどのようにして作られるのか

川あそびから戻った子どもたちとはもう一度、川の水と水道水への疑問点を話し合い、整理しました。そして、子どもたちからは、川の水は水道水になるのか？　そうだとしたら、どこでどのように水道水になるのか？　という疑問二点と、次の活動と関連づけるために、私から、どうして雨が降らない日が続いても川の水は流れ続けているのか？　という疑問を一点出し、この三点を解決するべく、ある場所へ出かけることにしました。

行き先はもちろん子どもたちには内緒。行きのバスの中では疑問の三点について考えを出し合いましたが結論は出ないまま。子どものほうが「だから、今日はそれを確かめに行くんでしょ！」と張りきっていました。

初めて見たダムに刺激されて考えをめぐらす子どもたち

この日、まず訪れた所は入間川の川あそびの場所よりずっと上流にある有馬ダム。「何ここ?」「湖?」「川より深いよ」「ひろ〜い」「どこまで続いてるの?」「どうしてこんなにいっぱいお水があるの?」と子どもたちは興味津々。歩いてダムを見学し、音声ガイドでちょっとお勉強。ここはダムと言い、山から流れてくる雨水を溜め、少しずつ川に流していること。そして洪水を防ぎ、みんなの家を守っていることや、水道水（生活用水）を確保するために作られたことを知りました。これで川の水がなくならない理由と、雨が水道水になることが判明。改めて子どもたちに問いかけました。

保「このダムの水が水道水になるってことは、この水は飲めるのかな?　このままみんなのおうちの水道から出てくるの?」

子「まだ飲めないんじゃない?　だってお魚泳いでるし」

「ゴミも浮いてるし」

「やっぱりどこかできれいにしてるんだよ」

ということで、今度はそのきれいにしているはずの所へ向かうことになりました。

けれど、考えることばかりでは子どもは疲れてしまいます。せっかく前回よりも上流のきれいな場所に来ているのだからと、ちょっと河原に寄り道。用意していった箱メガネを使って川底を観察したり、手で草をかき分け、網でゴソゴソ、水生昆虫を探したりしてあそびました。最終的にはやっぱり流れに身をまかせてしまい、ビショビショになるまであそびました。

そして、あそびに満足した子どもたちはいよいよこの日のメインイベントへ。バスに揺られて着いた先は、隣の飯能市にある小岩井浄水施設でした。この日一番の関心事だったこともあり、子どもたちは飽きもせず、施設の方の説明を熱心に聞き、自ら質問をし、見学を楽しんでいきました。水道水が作られる仕組みを順を追って自分の眼で確かめた結果、翌日の振り返りでは次々に子どもたちからの発言が飛び交いました。

保「どんなことがわかった?」

子「どうやったら川の水が飲めるようになるのか、わかった」

「雨から本物の水ができるってわかった」

「最初は砂でドロドロになるから飲めないって思ってたけど、砂できれいにしてるってわかった」

「ダムと浄水場とおうちがつながってるってわかった」

「一回、お水をダムや浄水場に溜めるってことがわかった」

「水にはばい菌があるから、消毒するってわかった」

〈子どもたちが知った水道水が作られる仕組み〉
① ダムからひいた水にゴミを沈みやすくする薬を混ぜる
② ①の水を広いプールの手前から奥へ流し、移動している間にゴミが沈殿。きれいになった上のほうの水を回収する。
③ さらに、砂の間を通して細かなゴミを取り除く。その砂は粒子の細かいものから、徐々に粗くなり、石になっていく。
④ 最後に殺菌、消毒されて水道水となる。

この時、私としては次の活動を視野に入れ、水道水は人間の手が加えられてできているのだということを子どもたちに確認させておく必要がありました。

とはいえ、子ども一人ひとりが自分のことばで表現しようとする姿に四月からの変化を感じ、とてもうれしくなりました。さらには、子ども自身が目的意識をもって実際に体験するということの効力に驚いていました。新たに得た知識や発見を必ず伝えたくなるのが素直な子どもの心理なのだと思いました。こうやって好奇心が芽生え、疑問を出し合い、意見を交わしながら答えを予想し、実際に体験し、振り返って確かめる。この循環をこの先も大切にしていきたいと思いました。

本物の水は本当に水道水？

六月。季節は少しずつ夏へと移行をはじめ、園庭ではさらに水あそびが盛んになっていました。そして、あそびの中にもちょっとした変化が見られるようになっていました。砂や土に水を混ぜてドロドロの感触を楽しみながら、子どもたちが夢中になっていたのはダムごっこ。以前は別々にあそんでいた男女が混ざり合い、「よーし川から水を流すぞー」「そうだ！　ここをダムにしようよ」「いいね～」「かわいくハートのダムにしない？」「えーっ。でもまぁいっか」「大変！　水があふれてきちゃう」「きゃー」「はやく壁を直せ～」と、こんな感じ。水をより身近に感じ、実際に見てきた有馬ダムのイメージがみんなのあそびに共有されているようで、それまでになく生きいきとあそぶ姿が見えました。ふだんの生活でも少しずつそれぞれの気持ちが繋がって、まとまりがでてきたように感じました。

さて、そんな子どもたちの姿を微笑ましく見つめながらも活動を次のステップへすすめるため、私は新たな投げかけが必要であると考えていました。そこで、ダムや浄水場の見学を終え、自然の水に人間の手を加えて水道水が作られていることを知った子どもたちに、人間の手を加えなくても飲める水があるという話をしました。子どもたちはすぐに「どうして？」「その水どこにあるの？」「飲んでみたい！」と反応してきました。すかさず私は、「本当にそんな水があるのかを確かめに行こう」と提案しました。

舞台となるのは、富士山。けやの森の年長児は毎年夏、自立を目的とした二泊三日の「ひとりだちキャンプ」に取り組みます。ここ数年は富士山に挑戦しています。これは年長児にとって最も壮大な冒険であり、このキャンプのために年中児のときから山登りを積み重ね、準備をしています。この時期にはキャンプに向けた足慣らしと高度順化をしますが、今回は富士山の五合目周辺を歩く予定でした。この企画に湧水を飲むという計画を加えることにしました。子どもたちにはあらかじめ山からそのまま飲むことができる水が出てくることを伝え、どうして人間の手を加えなくても飲むことができるのだろうかをめぐって話し合うことにしました。

保「どうして山から人間は何もしていなくても飲める水が出てくるんだと思う？」

子「山の上に神様がいるんじゃない？」

「かみなり様とか？」

「違うよ。大きな機械があるのかも！」

保「そういう考えも面白いね」

子「山に薬が入っているんじゃない？」

「最初からばい菌ついていないんじゃない？」

保「ということは、狭山に降る雨と富士山に降る雨は違うってこと？」

子「うーん……」

保「じゃあ、水道水はどうやって作られていたんだっけ？」
子「砂の間を通してゴミをとってた」
「薬を入れて消毒してた」
保「そうだったよね。山には何があるんだろうね？」
子「山にも砂とか石があると思うから、それできれいにしているんじゃないかな？」
このように、子どもらしい発想でみんなの笑いを誘う子もいるかと思えば、浄水場での学びをヒントに、山の中で何かが起きているのではないかと鋭い予想をたてる子もいました。
さて、この日最初に向かったのは富士山の麓の道の駅。ここで富士山の湧水を汲み、みんなで乾杯！　味わいながら飲みました。「冷たい！」「おいしい！」「あま〜い！」と水道水と湧水の味の違いに感動する子どもたち。次は五合目から富士山を少し登りながら、途中途中で立ち止まり、木の根っこからポタポタと落ちる水のしずくを発見。最後は湧き水の名所「忍野八海」を訪れ、深い水底から湧き出る透き通った水を目にして帰ってくる予定でしたが、子どもたちの疲労と帰園までの時間を考慮し、この日は断念。帰りのバスでは一日を通して感じたこと、不思議に思ったこと、発見したことなど、それぞれの感想を出し合いながら、みんなの予想と実際に目にした光景とを思い出し、振り返りをしました。
保「どうして山の水は何もしなくても飲めるかわかった？」
子「雪が溶けて富士山のすき間を通ってくるんじゃない？」

「富士山の上のほうは白かったもんね」

「土の中を水が通ってて、土の中がトンネルになってるんじゃない？」

「富士山の石は穴があいていたよ！」

「富士山で消毒しているんじゃない？」

「そうだ！　山の中で！」

みんなの意見をまとめ、『富士山に降った雨や雪解け水が富士山に浸み込み、土や石の間を通っていくうちにきれいな水になる』という一つの仮説を立てました。そして、この仮説が本当かどうか確かめる実験をすることになりました。

本当に山の土で水はきれいになるの？

富士山での足慣らしから帰った翌週、さっそく、水の浄化実験をすることになりました。富士山の土や石は持ち帰ることが禁止されているため、園庭の土を使用することにしました。その他にペットボトルとティッシュペーパーと青いインク液を用意し、目で見て比較ができるようにするためには……と私が考えていると、子どもたちのほうから「ティッシュだけのと、ティッシュと土と両方にするのを作れば？」という意見がでてきました。子どもたちの言うとおりに準備をし、青いインク液をペットボトルに少しずつ流し入れました。

「土を入れたほうが、きれいになっているよ！」

すると……


子「ティッシュだけのほうがポツポツたれてくるのが速いよ」

「ティッシュに色がついてる」

「土のほうがきれいになってる」


結果は歴然。土を入れたほうのティッシュペーパーは白いまま、透明な水が落ちてきたのに対し、もう片方はティッシュペーパーが青くなり、薄まった青い水が落ちてきました。これで水は土できれいになることが証明されました。

さらに山の役割について話し合いを進めました。


子「雨が降ったら、お山を通って出て、川に流れて行くってわかった」

「土とか砂とかできれいにしてるってわかった」

保「山がなくなったら？」

子「台風とかきたときに全部流れてきちゃう」

「家とか道とか壊れるよ」

「どろ水につつまれたら生きていけない」

「だからお山って大切！」


子どもたちは自然の中では山が浄水場の代わりになっていることに気づいたようです。また、富士山の成り立ちを学んだ際に、専門家の方から富士山の石は火山灰からできており、その火山灰も汚れを取り除いているという話をうかがいました。そして、自然の力と私たち人間との繋がりや役割についても考えがおよんできたようでした。

川あそびや浄水場の見学、富士山での出来事など、これまで体験してきたことがつみ重なって、新しい知識や概念が子どもたちの中につくられていく様子に、私は充実感を得ていました。そして、この日この実験を行ったことによって、子どもたちの『本物の水』への認識が変わっていきました。水道水は人間が作ったもの。山の水は人間の力がなくてもきれいになっている。『本物の水は自然が作りだすもの！』こんなふうに子どもたちは考えるようになりました。

おいしいね！

六月下旬、爪の中まで真っ黒にして畑でジャガイモを収穫。ジャガイモは毎年三月、年長児の卒園を見送った後に、在園児で種イモを植えています。収穫までの間、週一回程度畑に向かい、間引きや雑草取りをしたり、土をかけ直したり、肥料をまいたりしながら育てて収穫しています。カゴいっぱいのジャガイモに子どもたちは大満足！　調理をして早く味わいたいと喜んでいました。収穫の前にはみんなでジャガイモで何を作ろうかと相談をしていました。この年の年長児はとにかく味噌汁が大好き。毎日、給食の時間には味噌汁のおかわりに列ができていました。そこで、ジャガイモと富士山から持ち帰りタンクに保管しておいた水で味噌汁を作ることになりました。グループごとにジャガイモの他にも好きな具材を選び、具沢山の味噌汁が完成しました。

子どもたちは手を動かしながら「こうしようよ」「大丈夫？」「手伝おうか？」「○○君、包丁じょうずだね」とさかんにことばを交わすようになっていました。みんなで協力して作りあげた味噌汁の味は格別！　この日もたくさんおかわりをし、大きな釜はあっという間に空っぽになりました。水と私たちの命が繋がっていることを感じることができた一日になったのではないかと思っています。

夏だ！　海だ！　磯あそびだ！　水のゴールは海なの？

季節は夏。七月に入り一学期も残り一ヵ月となり、園庭ではプールで思いきり水と戯れる子どもたちの歓声が響いていました。どの子も水に顔をつけ、全身で水の気持ちよさを味わい、すっかり水と仲良しになっていました。

クラスではそろそろ一学期の活動のまとめをしようと、これまでの活動を振り返り、順を追ってわかったことを整理し、記憶に残す作業をしていました。そんな折、子どもたちから、雨が降って山の中を通って川になって流れていったその先はどうなるのだろう？　という新たな疑問が出てきました。もちろん子どもたちの中には、海に続いていることを知っている子もいましたが、本当かどうかの確証は誰にもありませんでした。そこで、「海まで行って確かめてみる?」と提案しました。子どもたちは無論大賛成！　海に行けるんだと大はしゃぎでした。私たち職員は急遽下見に向かい、茨城県ひたちなか市（平磯）での磯あそびを計画しました。

七月一五日磯あそび当日、快晴！　子どもたちはどんな生きものに出会えるのだろうと用意したポケット図鑑をめくったり、歌をうたったり、期待に胸を膨らませ、バスの中から元気いっぱいでした。当然本来の目的も忘れずに、まずは目的地付近の那珂川の河口へ向かいました。

水戸大洗ＩＣで高速道路を下り、しばらく川沿いの道を海に向かって進みました。海を目前にバスを降り、実際に歩いて見てみることにしました。

子「川が広くなってる」

「もう海の匂い！」

「波が出てきてるよ」

「本当につながってた～！」

「海がゴールなんだー」

ほんとうに川が海につながっていることを確認することができました。子どもたちは、この時点で雨を出発点とした水の旅のゴールは海であると理解したようでした。私にとって、それはこの先の学びへのよい材料になりました。

目的を果たし、あとはいよいよ生きものたちとの出会いを待つばかり。引き潮の日を選んだとは

「ここに何か生きものがいるよー！」

いえ、安全にあそぶためのタイムリミットは二時間でした。急いで昼食と着替えをすませていざ磯へ。

浜辺に足を踏み入れた瞬間から、そこは子どもたちにとってあそぶ意欲をかき立てられる天国のような世界でした。人の気配を感じて一斉にはけていくフナムシを皮切りに、「きゃー」「いたー！」「こっちにも」「捕まえるぞ」「逃げられた」「そっちをふさいで」「かわいい」「気持ち悪い」「柔らかい」「触ってみたい」「やったー捕まえた」と子どもたちの歓声が止むことはありませんでした。カニが岩場に隠れるのを必死で追い、ヤドカリやヒトデ、魚やウニを捕まえ、ナマコやアメフラシの感触に驚き、イソギンチャクがしぶきをあげる様子を楽しみ、時の経つのも忘れて夢中であそびました。生きものを真剣に見つめ、どうしたら捕まえられるかと考え、試し、工夫することができる場所。初めて目にしたものにふれる瞬間の緊張と発見！　これほど魅力的な環境は日常の中にそうそう作れるものではありません。子どもも大人も、その時その場所に生きる生（なま）の命にふれられる自然の豊かさに、心が満たされる幸せを感じることができました。また、楽しさや感動を共有した子どもたち同士、子どもたちと私の距離は一気に縮まり、クラスに一段とまとまりが生まれました。

帰りのバスの中では、一日のまとめをしながら私から新たな投げかけをすることにしました。それは海がゴールだと考える子どもたちへの率直な疑問でした。

保「川から海に毎日毎日水が流れ込んでいるということは、海は毎日、大きくなっているの？」
子「なってなーい！」
保「どうして？　だってみんなは水の旅のゴールは海だって思ってるんだよね？」
子「でも、大きくなってたら家とか沈んじゃうよね……」
保「じゃあ、海にたどり着いた水はどうなるの？」
子「海の下に土があってしみ込んでいくんじゃない？」
「砂場でお水いれてもなくなっちゃうよ」
「海って砂だしね」「外国に行くんじゃない？」
保「川は雨が降ってはじまることがわかったけど、雨はどこから降ってくるの？」
子「雲じゃない？」「黒い雲だよ」
保「じゃあ、その雲はどうやってできるのかな？」
子「空気！」「お水！」「太陽！」「けむり」「風？」

保「いっぱい出てきたね」
子「雲に何かいるんじゃない？」
「空気と水で、人間に見えない何かになるんじゃない？」
「それで、空にあがっていくんじゃない？」
保「どうして上にあがっていくんだろう？」
子「……考えとく！」
保「では、おなべに水を入れて火にかけます。そうすると？」
子「あわが出てくる」「あっちっちになる」
保「そして蓋をしめておきました。しばらくして蓋を開けると？」
子「そしたら何かたれてきちゃう」「ポタッポタッて落ちてきちゃう」
保「それは空でいうと……？」
子「あめ！」
保「じゃあ、水がお湯になると、ちっちゃいつぶができるんだね。それから、味噌汁作るとき何か
白いもの出てこなかった？」
子「けむり！」「ゆげ！」
「何でお水は熱くなると、湯気が出てくるのかな？」
保「海の水も何かで温められると上にゆげになって出て行くのかな？」

子「それで雲になる！」「それで雨がふる！」
保「すごいすごい！　わかってきたよ。じゃあ何で温められるのかな？」
子「火！」「焚き火とかするよ」「太陽！」
「海の水いっぱいあるから太陽でも下のほうはあったまんないんじゃない？」
保「そうだね。上のほうの水が空にあがっていくんだろうね！」
ゴールに近づいているような、大きな答えが見つかるような高揚感があり、今までで一番活発な話し合いが展開されました。その後、私から子どもたちの予想が当たっていることを伝え、地球上の水の量は変わることなくめぐっていることを子どもたちは知りました。

磯あそびから帰った翌日、感動冷めやらぬうちに印象に残った生きものを絵に残しました。「カニって逃げるのはやかったよね」「イソギンチャク触ったらピューって水が飛んできてびっくりしたよね」「カニは捕まえるの難しかったよね」「また行きたいね」と絵を描きながら自然と弾む子どもたちの会話。それぞれの生きものの特徴をしっかり描きつつ、配色や模様は子どもたちの想像を加え自由に。とてもカラフルで賑やかで楽しげな作品になりました。この絵は専門の業者の手によってマットに織ってもらい、後述する一二月の「生活作品展」に出展しました。
その後、一学期の終業式まではあっという間。サツマイモの苗枯れという畑の大事件からはじまり、海までの約二ヵ月間を思い起こし、わかったことや楽しかったことを話し合ったり、四月からの子どもたちの変化や成長をクラスみんなで認め合ったりしました。また、八月末に迫る富士登山大冒険を前に、一人ひとりと向き合い、たとえば、自分の気持ちを伝えることが苦手な子どもとは、具合が悪くなったとき、困ったことが起きたときに自分からことばにして伝えようと約束するなど、それぞれの課題を子どもと確認し合いました。こうして一学期の生活のまとめをし、無事に終業式を迎えたのでした。

風が雲を押しているんだ！

セミが最後の命を燃やすようにけたたましく鳴き声をあげる夏も終盤の八月三〇日、いよいよ富士登山の日が訪れました。このキャンプは家族と離れ、日本一の山に登るという子どもたちにとっても、保護者にとっても想像を超える挑戦であり、心身共に成長を促す機会であり、それがメインテーマです。

しかし、ただでさえ不安と期待で揺れ動き、複雑に変化する子どもの心情を察すると、深刻な場面ばかりをつきつけることはできません。頭上に見える山小屋と少しずつ距離を縮めていることは視覚的にわかってはいるものの、歩けど歩けど辿り着かないのが現実。子どもたちの気持ちは萎える一方です。その中で少しでも子どもたちの気持ちをほぐし、楽しみを見つけることも職員の役目であると思っています。

この年でいえば、磯に行き、水が空にあがって雲になることを突きとめていたわけですから、雲に興味を抱かせ、空の変化を楽しみに歩こうと考えていました。特に富士山は天候の変化が激しく、晴天で安心しているといつの間にか雲に覆われ視界を奪われたり、冷たい風に頬をなでられたり、雨やひょうに襲われることもあります。「水のめぐり」を自分の身をもって体験し、理解する絶好の機会です。子どもたちには富士山に行けば、ふだん空に見上げている雲の中を歩いたり、雲が足もとに見える世界が待っていることを伝えていました。

この年は幸いにして連日天候に恵まれ、ちょっと気弱な子どもたちを空が味方してくれたように思います。実際、子どもたちは歩きながらや休憩の間に空を眺め、「あの雲恐竜みたい」「あっちはライオンに見えるよ」「向こうはカバだ！」「空の動物園だね」と話していたり、「曇ってどんな味がするんだろう?」「食べてみたいね」「雲に乗って空を飛べるかな?」と想像を膨らませたりしていました。そして「本当に雲が下に見える！」と初めて眼下に広がる雲海に心奪われ、さらには辺り一面雲に覆われたときには谷側を向いて一列に整列して、「何かかき氷の味がしたね」「おいしい！」「うーん。何味だろう……」と口を大きく開けて雲を飲み込みました。下から湧き上がり、山の斜面を駆け上がっていく雲の速さに驚き、「風が雲を押してるんだ！」と、風が天高く雲を運ぶ様に歓声をあげました。

夕暮れが迫ってくると、気温が下がり、疲れと心細さに涙する子もでてきます。けれどもそこは気を許せば怪我をしかねない岩場。泣いている暇はありません。励まし合って一歩一歩登っていきます。緊張で張りつめているそんなとき、ふと振り返った空は水色とピンクとオレンジと紫とが混じり合った何とも言えぬ色！　その色に少しずつ染められていく白い雲。その景色に一瞬だけ疲れを忘れ、見とれる場面もありました。

三日間の富士登山については2章で詳しく紹介したとおりですが、この年の子どもたちもまた、高い目標を持って自分の「限界」に挑むことで、みんな大きなかっとうを経験しました。この体験は、達成感や満足感を得られたとか、次の日から目に見えて成長の変化が見られるといったものというより、どちらかというと厳しかった思いが強いようですが、じつは、一人ひとりの心の奥深くに後々まで残るずっしりとした何かを育んでいくように思います。

「先生、私決めた！」

ゆかちゃんは年少の頃から嫌なことや不安なことがある度に汗をびっしょりかくほど激しく泣き、私はたくさん抱いてなだめたことを覚えています。意志ははっきりしているのに、その涙の理由や自分の要求を語ることがないので、自分の思いを自らことばにして伝えるよう投げかけていました。ところがとても頑固で負けず嫌い、納得がいかないことにはいつまでも黙って抵抗する性格。周りの人の思いに気づいてはいるものの、なかなか素顔を見せてはくれませんでした。けれどその分、物事をじっくり見極め、自分で決めたことは何があろうと諦めることはありませんでした。

私はその意志の強さに信頼を置いていたものの、年長になっても依然として思うような変化が見られず、どうしたらゆかちゃんのことばを引き出せるのだろうかと次の一手を考えあぐねていました。そして富士登山がそのきっかけになればと思っていました。富士登山を前に、ゆかちゃんの性格を考えると、途中で諦めることは自分で許さないだろうと思いましたが、からだが小さいため体力的にどうなるかが予想できませんでした。

キャンプ当日の朝、ゆかちゃんの表情は硬く、一言声を掛けたら涙で崩れてしまいそうでした。親元を離れるだけで精一杯なのだろうかと心配になりましたが、二日目に思いもよらぬことが起こりました。それは三四〇〇メートルに達したときのこと。更に上を目指して挑戦するか否かを決断した際、一度は下山を選択したゆかちゃんでしたが、隊が二手に分かれて出発しようとした直後に泣きながら私のもとにやってきました。

ゆか「……」

私　「どうしたの？」

ゆか「ほんとうは、ゆかも上に行きたい」

私　「そっかそっか。よく言えたね。一緒に上まで行こう！」

こうしてゆかちゃんは笑顔で三四五〇メートルまで到達することができました。私が要求せずに、ゆかちゃんからことばで訴えてきたのは初めてのこと。私はこれでようやくきっかけをつかむことができたとうれしくなり、お母さんにも勢いよく報告しました。

ところが喜びもつかの間、二学期がはじまっても、期待に反してゆかちゃんにそれほど大きな変化は見られませんでした。周りの友だちから「ゆかちゃんはさ、思ったことを伝えるのが目標じゃない？」と、さらっと言われて泣く場面もありました。私もここまで来て変わらないのなら、もう待つことしかできないと諦めかけていた頃、再び思いもよらぬことが起こりました。

その日の朝、私はいつものように子どもたちのお便り帳を確認しながら、周りにいた子どもと何気ない会話をしていました。すると突然ゆかちゃんが話しかけてきたのです。

ゆか「先生、ゆか決めた！」

私「何を決めたの？」

ゆか「ゆかね、思ったことは、ぜんぶ言うことにした！」

私「……。えーーーーっ！」

「そんな大事なこと突然言わないでよ！　あぁ～、先生すっごくうれし～い！」

澄ました表情のゆかちゃんの横で、周りにいた子どもたちも私もびっくり。どうしてそう決意したのかは語ってくれませんでしたが、じっくり考えるゆかちゃんを思うと、富士山での一件がやはり転機になったのだと信じています。その日を境に友だちや他の保育者とも活発にやりとりをするようになり、家庭でも日々の出来事や考えていることをよく話すようになったそうです。私はゆかちゃんから手厳しい指摘を受けることもしばしば。後に述べるように、一二月に取り組む造形活動

（生活作品展）では納得するまで出来映えを追求するゆかちゃんに、私のほうが必死についていくほどでした。友だちとは保育者の眼を気にすることなく堂々と言い合い、自分の意志を主張するようになり、これまでよくしゃべらずにがまんしてきたものだと感心してしまうほどでした。何気ないやり取りから真剣な会話まで、ゆかちゃんとことばを交わせることがただただうれしく、今でもその感動は脳裏に焼き付いています。

二学期　表現

伝えたい！　水はぐるぐるまわってるんだ

富士登山を終えて数日後の九月三日、残暑厳しいなか二学期がはじまりました。私は子どもたちがどんな顔をして登園するだろうかと楽しみに出迎えました。一皮剥けた子どもたちに会えることを期待していたのですが、その表情はあまり冴えませんでした。それでも富士山の話になると、「こうだった、ああだった」と話は尽きず、他の小さい学年の子どもたちに雲の様子や富士山の景色、つらかったことや楽しかったこと、みんなに伝えておきたいことなどを、体験した者だけがわかるんだという口調で話していました。

しかし、なかには富士山の話題になると身を引き、語ることを拒む子や、涙目になる子もいました。二学期がはじまってしばらく経ってもクラスの空気はどこか淀み、なかなか重たい雰囲気が拭えずにいました。私は富士登山を振り返り、一学期に盛り上がったクラスの雰囲気をそのままに、一気に成長を望んでしまった自分、子どもたちとの距離を縮め、もっと思ったことを言い合える関係に変えようと焦ってしまった自分がいたのではないかと反省しました。厳しくしすぎたのだろうか？　富士登山での厳しかった体験をどのように子どもたちに残し、学びと次への意欲につなげたらいいのだろうかと迷っていました。子どもたちが富士登山で何を感じていたのか確かめたいという思いはありましたが、ここはがまんのとき。私はふだんの何気ない会話から、子どもと接する時間を大切にしようと考え、子どもの発したことばや眼差しなどの仕草を受け入れる姿勢を心掛け、穏やかに見守ることにしました。

とはいっても、行事の多い忙しい二学期。やるべきことは日に日に迫ってきてしまいます。けやの森学園では二学期（九月～一二月）を表現の学期と位置づけ、一学期に積み重ねた体験を身体的に、言語的に、そして造形的に表現していきます。

まず訪れる行事は秋のプレイデイと称する一〇月九日の運動会でした。ここでは徒競走や騎馬戦など運動会に欠かせない競技をしながらも、親子のふれ合い、保護者同士のふれ合いを盛り込み、楽しくからだを動かして過ごすことを目的としています。その中に「自由表現」という年長児が身体表現をする演目があります。毎年テーマが違うのですが、この年のテーマはもちろん「水のめぐり」。子どもたちに何をみんなに伝えたいかと問うと、「水がぐるぐるまわってるってことを伝えたい」とのこと。少しずつどのような内容にするかを検討しはじめました。

からだで表現しよう

まずは手始めに、雲が湧き上がり、雨が降り、小川になって、水の勢いが増して海へと続く。この水のめぐりをからだを使って再現してみました。朝の会にたまたま居合わせた園長が、即興で子どもの動きに合わせてピアノで音をつけてくれました。するとだんだんと動きが大きくなり、気持ちよくからだを動かす子どもたち。

「雲はもっと下から盛り上がっていくんじゃない？　こうやってさ」

「それいいいね～」

「海の波は手をクネクネさせたらどうかな？」

「それっ、ザッブーン」

と、動きのアイディアも出てきました。とりあえず、何か形にはなりそうな予感。

しかし、全ての動きをみんなでやろうとすると、なかなかまとまりません。すべての動きを覚えることも不可能です。そこで、「雲の誕生」「雨」「小川」「大きな川」「海」再び「雲」という流れで場面を区切ることを提案しました。起承転結を意識し、「途中で何か事件が起きたらもっと面白くなるかな?」と言うと、嵐を起こそうということになりました。子どもたちは自分が演じたい場面を決め、グループを作りました。そしてそのグループごとに三、四行のかんたんなお話を作ることにしました。

たとえば「雨グループ」は、『雨つぶが落ちてきたよ　ぽつんぽつん　雨つぶたちがダンスをしているよ　地面に浸み込んでいったよ』とこんな感じに。その一行一行に今度は動きをつけていきました。それぞれが雨つぶになったつもりで、どのように地面に落ちるかイメージを膨らませました。「○○ちゃんの雨はしとしと優しく降る雨なの?」「△△ちゃんは弾んで元気がよさそうだね」と声をかけると、その気になって動きを工夫しようとする姿が見られました。動きが決まらなければ、ちょっとヒントを与え宿題にしました。すると翌日には「先生、こういうの考えてきたんだけどどう?」と、やって見せてくれる子もいました。

主体性を発揮しはじめた子どもたち

一学期は私から「どうしたいの?」「どう思っているの?」「どうして○○しないの?」と質問し、その子の思いを引き出していくことが多かったのですが、活動が深まるにつれ、私の援助がなくても子どもたちだけで話し合いをすすめていくようになっていきました。次つぎにアイデアを出す子、否定して問題点を挙げる子、頑として譲らない子、調整をはかろうとする子、正論でまとめようとする子、それぞれの性格が垣間見え、ありのままの自分を出して生活することに抵抗がなくなってきていることを実感することができました。

話し合いの中で子どもが発したことばをセリフにして合間に挟み、すべてのグループのお話をつなげると、水のめぐりが一つの物語のようになりました。最後にみんなで、はじまり（起）とおわり（結）の部分を考え、物語は完成！「題名つけたいね。何がいいかな？」と尋ねると、「水の大冒険にしよう」と意見がまとまりました。それからは衣装や台本を作り、台詞をはっきり言う、グループごとに動きを確認し、大きく表現する、全員で合わせて流れを覚える等々、毎日毎日練習を重ねました。時おり私も熱が入るあまりつい求め過ぎたりしても、帰りの会では誰かが必ず「今日も自由表現の練習が楽しかったです」と発表し、みんなで「そうだよね～」「明日もやろう！」と笑顔で話していました。

子どもたちはいつの間にか活動や仲間とのふれ合いを楽しむようになっていました。富士山での苦しい思い出が和らぎ、日に日に勢いを取り戻していく様子に安心し、私も以前のようにありのままの自分で接すればいいんだと迷いがなくなっていきました。

プレイデイ本番が近づくと、他のクラスに観客になってもらって感想をもらいました。子どもたちは子どもたちの視点で、私は保育者の視点で指摘されたことを意識し、どうしたらよりよく思いや表現したいことが伝わるだろうかと考えました。そして何度か変更を重ね本番を迎えました。

からだいっぱい使って水のめぐりを表現する

当日は生憎小雨が降る天気となってしまいましたが、みんなの気持ちは高揚していました。

いよいよ自由表現の時間が迫るとみんなで丸くなり、

保「今日は何を伝えるの？」

子「水がぐるぐるまわってるってこと」

「僕たち変わったよってこと」

保「そうそう！　富士山に行って成長したみんなを見てもらおうね。みんなはもう一生懸命ってどういうことかを知っているはず。精一杯やったら、たとえ間違えたとしても大丈夫。みんなの気持ちはきっと届くからね」

子「はいっ！」

と気持ちを一つにしていざ出陣。大勢の観客の前で緊張とたたかいながらも伸び伸びと表現を楽しみました。

子どもたちは必死に走り、表現し、仲間を応援し、悔し涙を流したり、勝利に跳びあがったり、励まし合ったり、慰め合ったり……。心とからだを存分に使って一日を過ごしました。私としては、それぞれの感情がそのまま表現されていたことに一番の成長を感じました。この日、子どもたちは、「すごくドキドキしたけど、できるって思ってやったら、ほんとうにできた！」「一生懸命やったら楽しかった」と、みんなで一つのことをやり遂げた満足感を味わい、クラスがギュッとまとまった高揚感を共有しました。

何もかもが楽しい！

一〇月を迎え、プレイデイに傾けていた情熱が秋の涼しい風と共に冷やされ、忙しかった生活も一段落。林あそびでも、一段と伸びやかにあそぶ子どもたち。その表情は清々しいほど晴れやかで、無邪気に仲間と戯れる時間を満喫しているようでした。富士登山の体験をプレイデイを通してその子なりに消化し、気持ちを立て直し、自信を得た子どもたちの変化は生活の中にも表れるようになっていました。朝の会や帰りの会は完全に子どもたちだけで行われるようになり、「先生、〇〇君が〇〇してくれない」というような訴えもなく、問題が起きても自分たちで解決するようになりました。ますますクラスの連帯感が高まり、それからは園庭でのあそびも遠足もイモ掘りも、みんなといれば何をしていても楽しくて仕方がない！　そんな雰囲気ができていました。

また、友だちや親、そして保育者が自分に何を求めているのかを感じ取り、子どもなりに課題を自覚して、自ら生活の目標を設定する（たとえば、今何をすべきか、状況を考えて判断できる力はあるが、自ら行動に移す勇気がない子は「みんなに声をかけて朝の会をはじめる」という自分でで

手を叩かないようにね

大きい木だって、このとおり！

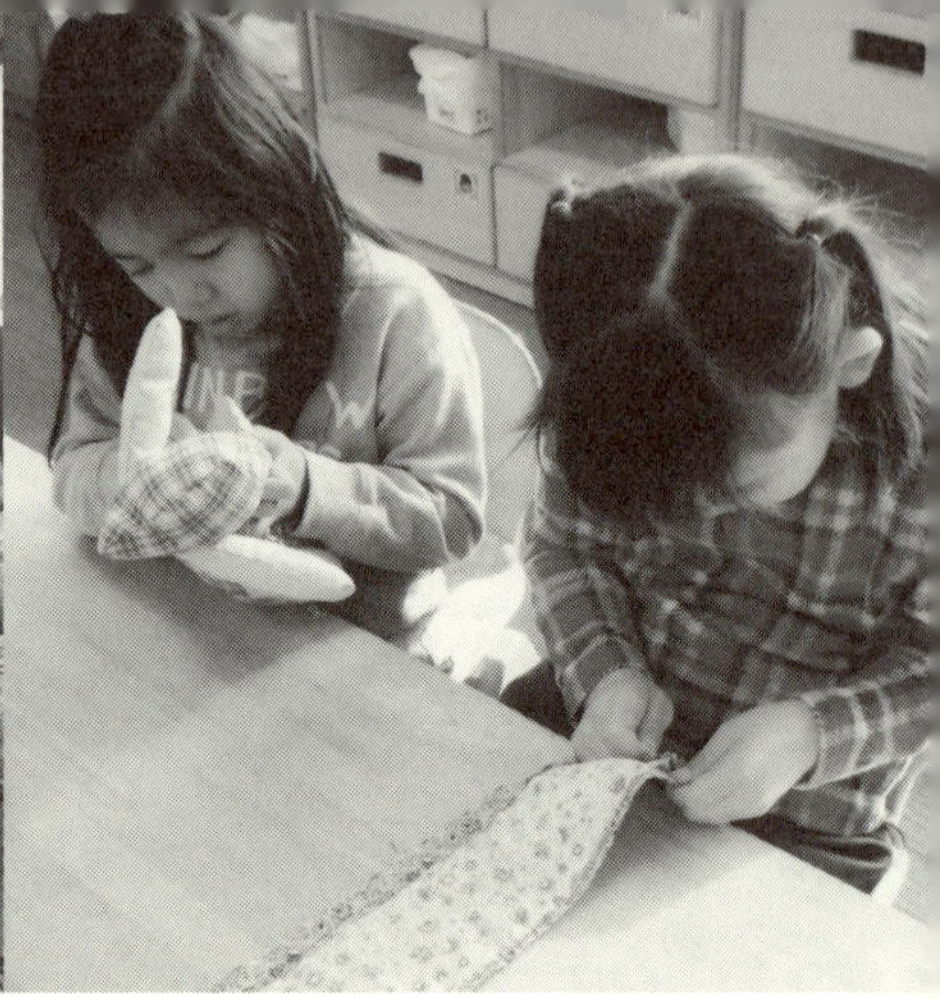
針も使えるよ　ぬいぐるみづくり

きそうだと思う目標を立てる）姿もうれしく、私の子どもたちへの信頼も強くなりました。

さて、表現の活動は二学期の終わりに控える生活作品展への造形活動に移行していきました。水のめぐりはここで一休み。それぞれ表現したい造形物を決め、材料から必要な道具、作る工程までを自分で計画していきます。素材は布やビーズ、木材や銅版とさまざまです。針やのこぎり、かんなやホットボンドを駆使しながら、子どもたちは約二ヵ月を製作に要して完成の日を迎えるのです。

その間、徐々に要領を得て、作品作りにのめり込む子どもたち。「ここはどうしらたいいの？」「あっ、それあたしわかるよ。教えてあげようか？」「もっと○○にすると本物のみたいになるんじゃない？」「今日はここまで終わらせるの」「明日はここを完成させなきゃ」と主体的に取り組んでいました。午前中いっぱい集中力は途切れることなく、時には昼食が一時になることもありました。

さらには「先生、あたしのほうが上手だからやってあげる」「明日までにこの材料忘れずに用意しといてね。すすまないでしょ」と私のほうが指

生活作品展で小さい子や保護者にも披露

僕の作った自慢のライオンです

示を受けることもありました。

たとえば、「ぬいぐるみ」に取り組む子どもはこんな具合です。まずは、どんなぬいぐるみを作りたいのか絵に描き、そのイメージに合わせて必要な材料や道具を考えていきます。実際のぬいぐるみを見ながら作り方や手順も考え、それらを紙に記入し、計画表を作ります。保育者は子どもたちのイメージに沿う布やビーズ、ボタンなどの材料を用意し、子どもと相談しながら布を決めます。今度は計画表に基づいて型紙を子どもが描き、それを布に写し、切って縫い合わせていきます。針と糸を使う前には波縫い、玉結び、玉止めの練習をし、なるべく子どもが自分の力で手をすすめられるようにしていきます。

目や口などの表情を刺繍でつけるか、ボタンやビーズでつけるかなど、子どもの思い描く完成の形によって、それぞれ手順は変わってきますし、もちろん、作業が進むにつれて計画表とは異なっていくこともあります。最後はスカートやエプロン、首飾りなど付け加えたいものを作っていきます。作りながら子どもたちのイメージや欲求は広がったり、固まっていったり。相談を重ねながら、その都度材料を探し、子どもの納得いく教材を用意していきます。また、保育者一人では対応しきれないため、裁縫が得意なお母さん方に協力してもらい、布を押さえたり、縫い線を書いてもらったり、仮縫いをしてもらったりしています。出来上がった作品は、作品展に展示し、当日は自分の作品を紹介する発表の場も設けています。

一二月になって作品展が迫る頃になっても子どもたちの意欲は衰えることなく、自分のイメージするものを求める意志の強さに私は感心していました。けれど同時に、この調子では作品展までに完成しないのではないかと、焦りを感じはじめていました。いくら「こうしたほうがかんたんにできそうだね」「これで完成だね」「このくらいで充分なんじゃない？」と訴えても、子どもたちからは「まだこれ作りたいの」「何かここがまだ違うんだよね」「ここやり直したい」、あるいは無言の抵抗……。私の提案はことごとく却下され、これまでいつでも「いいよ」と返事をしてくれていた子どもたちはどこへいってしまったの？　私は内心「えっ今から？　あと三日しかないんだけど……」「えっ、まだやるつもりなの？」と思いつつ、最後は根負けし、「もう好きなだけやったらいいよ」。とことん付き合うしかない、と覚悟を決めたくらいでした。

そしてやはり、完成したときの子どもたちの晴れ晴れした表情を見て、「この顔、たまらないな～」と、出来栄えや時間に囚われていた自分を反省しました。保育者として子どもたちに向かう姿勢と役割を、改めて子どもたちに教わった気がしました。

いつしか子どもたちは私と肩を並べて対等に付き合うようになり、二学期を通して子どもたちが自分の意志をもち、それを貫こうとするように成長してきた姿がはっきりしてきました。四月当初から願ってきた私の思いがだんだん叶ってきたことはとてもうれしいことでした。しかしその一方で、この年の子どもたちの底力？　魅力？　今まで眠っていた意欲？……何と表現したらいいのかわからない大きなエネルギーが子どもたちからジワジワあふれ出てきていることに、私自身が追いついていけるのだろうかと焦りを感じるようになっていました。満足するまで手を尽くした達成感を味わう子どもたちの横で、一学期には予想もしていなかった子どもたちの変化と展開に、これから先自分の保育の力量が問われていると、心配になる自分がいました。

うわ〜！　真っ白の世界だ

新年を迎え、年長児の三学期はスノーキャンプからはじまります。これは二泊三日の卒園旅行。親元を離れ、関係が深まった仲間と再び寝食を共にしながら白銀の世界を満喫してきます。身の回りのことは自立し、少しずつ自信をつけてきた子どもたちは、スキーを体験することによって新たに世界を広げます。そして、富士登山とは違って、思いきり大自然とあそぶ楽しさを満喫しようというのが主眼です。

ところが、出発の朝はやっぱり不安。富士登山の思い出が頭をよぎり、またつらかったらどうしようと心細くなるのです。しかし、子どもたちは自分で自覚していないだけで、みんなそれぞれにたくましく成長しています。富士登山のときにはできなくて泣いていた荷物整理に困ることもなく、「あれ？　心配するほどじゃなかった」と旅行を楽しむことができます。たとえスキーが思うように上達しなくても、たくさん転んで泣きそうになっても誰も諦めることなく立ち上がります。がんばれば上手になる！　いっぱい練習したら楽しくなる！　とつらいことを乗り越えた先に新たな喜びや楽しみを見つける力を身につけ、最終学期に突入していくのです。

この年は特に雪やつららとの出会いによって新たな水の不思議にふれ、水のめぐりへの追求を進めたいと思っていました。夕食後にはスキーや雪あそびをして発見したこと、不思議に思ったことを話し合う「なんでも会議」が開かれます。このときは「自然塾」に携わっている専門家の先生も加わり、どうやって雪が生まれるのか、雪と氷は違うものなのか、どうして雪は冷たいのか等々、子どもたちから出された疑問からさまざまな話が展開されました。

子「どうやって雪ができるのかな？」

「雲の上に雪を降らせる神様がいるんじゃない？」

「えーっ」

保「雪も雨みたいに雲から降ってくるってこと？」

子「空が冷蔵庫みたいに寒いんじゃない？」

「わかった。冷たい風で凍るんじゃない？」

「スキーしてたら風が冷たくてほっぺが痛くなったよ」
保「そうだね。みんなほっぺが真っ赤になっていたね」
子「ヒリヒリしたよ」
保「みんなの住む埼玉ではなかなか雪は降らないよね」
子「寒いところに行くと雪になるんだよ」
保「何が？」
子「雨だよ」
「雨が変身するんだよ」

専門家の先生からは、水が温められて、水蒸気となり、雲となってその水滴が上空で冷やされると六角形の雪の基《もと》ができる。その無数の基が地上に降りる間につながり、雪（結晶）になることを学びました。雪の結晶の写真を見ながら、結晶が成長する様子も知ることができました。難しい話ではありましたが、「赤ちゃんと赤ちゃんがくっついて固まるんだね」「みんな（雪の赤ちゃん）が手をつないで、ちょっとずつ大きくなるんだね」と、雪の結晶を赤ちゃんと表現し、子どもたちは自分たちのことばに置き換えて理解していました。

さらに、窓の外の雪をペットボトルに入れて溶かしながらこんな話もしました。

専「雪は何色？」

子「白」「灰色？」「何か青く見える時もあったよ」
専「じゃあ、雪を集めてコップに溶かしたら何色になる？」
子「透明！」
専「そう！　さっき雪を入れたペットボトルを見てごらん。ほらね、実は雪は無色透明なんだよ」
保「じゃあ、どうして白く見えるの？」
子「もともと透明だから、人間の目には見えない？」
「赤ちゃん（雪の結晶）が、合体して、積もると白くなる？」
「赤ちゃんが活動をはじめて、大人たちがどんどん降ってくるじゃない？　で、固まって赤ちゃんがどこに行ったかわからなくなった頃に白くなる？」
保「じゃあ、降ってきたときに何か起きているのかな？」
子「わかった！　固まったり、つぶされたり、形が崩れると白くなる？」
その後、専門家の先生より、面と光の関係（太陽の反射）について説明を受けたり、気温や風など空の様子によって水が姿を変えることに気づいたりと有意義な話し合いとなりました。
そして、このスノーキャンプでも子どもたちの心の中では、さまざまな思いがうずまいていたようです。れん君の例を紹介します。

「オレ、あの時途中であきらめちゃったんだ」

れん君が年長になった年、私は初めて彼の担任になりました。れん君は思ったことがありのままことばや表情に表れてしまう、素直で純粋で、そしてちょっと甘えん坊な男の子。話し合いの際には活発に発言し、クラスの中心的存在でした。けれど自分自身のこととなると悩み、迷う臆病な面もありました。些細なことでも踏みとどまってしまうため、何かに自ら挑戦する勇気を持って自信をつけてほしいと願っていました。運動が得意で活発だったため、ひとりだちキャンプ前の予想では、課題は精神力だけだと思っていました。

ところが実際は体力的にも彼にとっては苦しかったのです。登山二日目の午後、三四〇〇メートル地点で下山するか否かの選択を迫られたとき、ふだん仲のよい友だちがさらに上を目指そうとするなか、彼は自分で下山を決めました。そのことが彼にとってはショックだったのだと思います。自分の精一杯が友だちの力より劣っていたと感じたれん君は、富士登山から帰った二学期から、それまでの勢いを失ってしまいました。みんなの中心となって発言する機会が減った分、独り言のような弱気なつぶやきが増えてしまいました。私は何とか元の明るさを取り戻してほしいと、彼に運動会の選手宣誓の役目を与えたり、リレーのアンカーを任せたりして復活の機会をうかがいましたが、あまり効果は得られませんでした。

そんなれん君に転機が訪れたのがスノーキャンプ。もともと運動神経がいい彼はスキーもすぐに上達し、滑ることを楽しんでいました。キャンプ三日目の最終日は子どもたちが自分でスキーか雪あそびを選ぶことになっています。二日目の晩、私が翌日の予定を話すと彼は迷わずスキーを選択。私は彼の意欲的な姿勢がうれしく、「明日は一緒にスキーに行こうね」と声をかけました。

しかし翌朝、子どもたちに意志が変わっていないかを確認すると、れん君は急に表情を曇らせ、「リフト怖いな〜」「足が疲れちゃうんだよね」「やっぱり雪あそびにしようかな〜」と迷いはじめました。そしてけっきょく雪あそびを選択してしまいました。彼にとって勢いを取り戻すチャンスだと思った私は、彼に話しかけました。

私　「れん君はスキー上手なのにな〜」
れん「……」
私　「一緒に行けなくなって残念だよ」
れん「……」
「先生、まだ考える時間ある？」
私　「いいよ。あるよ。朝ごはんが終わるまでじっくり考えてみて」

朝食後、

れん「先生、オレ、やっぱりスキーに行く」
私　「本当？　先生うれしいよ。今日一日でもっと上手になって帰ろうね」

考え直したれん君が気になったため、スキー場に向かうバスの中で、私は彼の隣に座りました。
れん「先生、どうしてオレがスキーに行くことにしたかわかる？」
私「うーん。わからない。どうして？」
れん「富士山に行ったとき、オレ途中であきらめちゃったんだ。だからスノーキャンプは最後までスキーにしようって思ったんだ」
私「えぇっ？　富士山のときのことずっと思っていたの？　先生、れん君が今までそんなこと考え続けていたなんて知らなかったぁ〜！　すっごくうれしいよ」
れん「でも、オレあのときあきらめちゃったんだよな……」
私「いいんだよ。今そのことに気がついただけで、すごいことだよ！　みんなに報告しなくっちゃ！　お母さんもきっと驚くよ」
そして、れん君はスキーを存分に満喫して園に戻り、保護者も集う報告会でこのことを発表しました。みんなから拍手をもらうと、安堵の表情を浮かべていました。富士登山での〝傷〟をスノーキャンプで癒し克服した彼は、本来の明るさを取り戻し、三学期はひなまつり会で跳び箱に挑戦。一人だけ七段を成功させました。この先いつかまた迷ったり、不安になったりしたときには、富士登山でのかっとうを思い出し、勇気をふりしぼって一歩踏みだしてくれることを願っています。
スキーやソリ滑り、雪だるまづくりや雪合戦を楽しんだり、勇敢な数名はイグルー（雪洞）で一

3日間思いっきり雪とあそんだ子どもたち

夜を明かしたり、たっぷり雪とふれ合って過ごした三日間でした。このスノーキャンプをもって、年長児の自然体験は終わりを迎えます。あとはこの一年の体験をまとめ、形に残すのみ。その先には卒園が待っています。子どもたちと一緒に生活する時間も残りわずか。ありきたりですが、一日一日を大切に過ごしたいと思いました。

三学期　学びのまとめ

こんなに大きくなったよ

冷たい風に頬や鼻を赤らめながらも園庭では一輪車や縄跳び、サッカーや鬼ごっこに興じる子どもたち。その光景はあそんでいるというよりも、少しでも上達したいと互いに競い合い、先生役がコツを教えて特訓をしているかのようです。「富士登山はつらかった。けれどスノーキャンプではお母さんと離れても、困難なことがあってもあきらめず、スキーを楽しむことができた」。その自信は何も飾らない本来の子どもたちの姿を照らし、意欲を生みます。

けやの森学園の三学期には園生活の集大成となる発表会「ひなまつり会」があります。年長児はこれまでの経験を活かし、自己実現を目指して得意なこと、挑戦したいこと、憧れていたことから発表したい演目を自分で選択します。中には年少児のときに見た年長児の姿に憧れ、三年間思いを温めている子もいます。一輪車や跳び箱、マジックや独唱、太鼓や踊りなど演目は毎年さまざまです。まずはどんな衣装を着て、舞台の上でどんな自分を見てほしいか、本番の自分の姿をイメージし、そのゴールを迎えるためには何をすべきかを考えます。各演目でリーダーを決め、今日は何を練習しようかと相談します。これまで自分の思いを伝えることが苦手だった子も、積極的にことばを交わし練習に励みます。

「どうして決めたことができないの？」

「○○ちゃんが間違ってるんでしょ」

「まって、あたしがリーダーなんだから私の言うこと聞いてよ」

「今はそんなこと言ってる場合じゃないの」

と、女児にいたっては私よりも厳しい指摘が飛び交います。人の眼を気にせず堂々と行われるようになった言い争いに、私は一人でクスクス。ずいぶんたくましく成長したものだと四月を思い出しては感慨に浸っていました。

そして演目の内容や構成がはっきりしてくると、個々の力もはっきりとし、関係が変わってきます。

「もっとこうしてみない？」

「○○ちゃん、今の上手だったから、あともう少しがんばって」

「どこができないの？」

「じゃあ、一緒に練習しよう」

と、思いやり、工夫し、力を合わせるようになるのです。この頃になると、子どもたちは自分の性格的課題を自覚し、それを克服しようと意識するようになります。また、仲間の課題も理解したうえで励ましたり、指摘をしたり、上手くいかないことは成功するまで何度も挑戦したり、その姿は時に切なく時に生きいきと輝いて見えます。そして本番の舞台では、いつも上手くいかなかったらどうしようと弱気になっていた子が、失敗に動じず演技を続ける姿があったりと、予想以上の成長が見られることもあるのです。

予測をこえて成長する姿

そんな個人の発表と並行してクラスとしての発表の練習もはじまります。最後のテーマはもちろん「水のめぐり」です。私はさまざまな場所に足を運び、あそび、考え、学びを深めた一年間の軌跡を言語的表現でまとめようと考えていました。それは子どもたちが実際に体験したことであれば、自信をもって発表できると思ったからでした。久しぶりにみんなでサツマイモの苗枯れから思い返していきました。子どもたちは川あそびからスノーキャンプまでの体験の中で一番印象に残り、発表したいと思う場面を一つ決めました。時間軸に沿って、川あそび・ダムと浄水場の見学・富士山の足慣らし・磯あそび・スノーキャンプと五つのグループに分かれ、グループごとに、子どもがその場面で楽しかったことや発見したこと、わかったことを挙げていきました。

さらに、情景が浮かぶ発言と「水のめぐり」を理解するにあたってポイントとなる発言を取り上げ、どんなふうにあそんだか、どう感じたか、つまりそれはどういうことかなどと詳しく掘り下げていきました。そうしてこれまでの活動や体験をことばで理解する作業に時間をかけ、そのやりとりの中でそれぞれの子どもから生まれたことばをその子の台詞になるよう構成を考えました。この間、じっくり一人ひとりの声を聴き、この子はこんなこと考えていたんだ！　こんなに深く理解をしていたんだ！　と改めて子どもたちを知り、驚くことがたくさんありました。そうして、活動を進めていくきっかけとなった子どもたちの疑問や、子どもが学んだことを導く質問を私が言い、それに子どもが応えて答えを導き出していくというスタイルで一年間の営みを表現し、伝えることになりました。

しかし、ていねいに振り返りとまとめに時間を割いてしまった結果、台本ができ上がったのは何とリハーサルの前日。子どもとは一度流れを確認し、「後はうちに帰って台詞を覚えてきてね」と伝えただけ。明日までに、これではとても形にはならないだろうと思い、リハーサルから本番までの一週間は厳しいものになるだろうと先が思いやられました。

ところが、翌日のリハーサルでは、私の予想に反して子どもたちは自分の台詞をスラスラ。私の援助なしにさらっとやってのけたのです！　園長も、他の職員も「よくまとまってる。後は堂々と台詞が言えるようにしましょう」「息を合わせれば大丈夫ね」と。「えーーーーっ！　みんなどうしたの？」私は驚きました。前日にでき上がったばかりの台本を一晩で覚えられるとは思いませんでした。それだけに、これまでの体験が子どもたちの記憶に残り、確かな学びとなっていた証だと

1年間の営みを子どもたち自身のことばにして発表しました

うれしくなりました。その後の一週間は、練習を重ねる度にクラス全員が「同志」となり、本番を迎えました。

ひなまつり会当日の子どもたちは「ついにこの日が来た！」「じょうずにできるかな？　楽しみ」とはしゃいでいました。たくさん練習をしたはずなのに、私のほうがソワソワと緊張していました。しかし、舞台に上がり、幕が開き、舞台の袖から子どもたちの声と横顔を確認した瞬間、「いける！　今日は絶対にうまくいく！」と不思議な高揚感を覚えました。気がつくと私のほうが子どもたちの力に乗せられて、終わりのことばまではあっという間。私の手を離れて巣立っていったような、本当に子どもたち自身でやり遂げた発表でした。この一年の子どもたちの成長と、子どもたちと私の生活のすべてをぶつけられた気がして、保育者になって初めての感覚を味わいました。そして、それぞれの発表も終了し、最後の幕が下りていく時、子どもたちの後姿を見ながら私は涙をこらえることができませんでした。「よくやったね。立派だった」と迎えに行く私のもとに集まる子どもたちの顔はとても晴れやかで、達成感と満足感に満ちていたと思います。自然とみんなでぎゅっと抱き合い、私はみんなの頭をぐしゃぐしゃに撫で、頬を撫で、ことばにならない思いを伝えました。

自分たちで意欲的に練習を重ね、こちらが求めていた以上の力を発揮した子どもたち。一日明けて登園してきたときの表情はどの子も生きいきと自信に溢れ、生まれ変わったかのように感じました。この日だけは思う存分あそびたいであろうと思っていたのですが、子どもたちはひなまつりの続きをしたいと言って曲をかけたり、他の学年に向けて教室を開いて教えたり、忙しくしていました。

ひなまつり会を振り返り、まとめをしていたときのこと、「緊張したけど、成功してうれしかった」という子どものことばをうけての話し合い……。

保「何かを成功させるためには何が必要なんだろう?」
子「練習」「いっぱい練習したよね」
保「それから?」
子「勇気!」「希望!」「集中!」
大人顔負けの発言に「恐れ入りました~」。子どもたちはいつの間にか私を追い抜いて自分たちの世界を確立していたんだなと感服しました。
「あぁ~、もう一回ひなまつり会やりたい!」
この日をもって「水のめぐり」は完結。子どもたちは卒園の日を迎え、新しい春に向かって歩みだしました。

こうしてこの一年、子どもたちは確かな成長をとげました。一人ひとりのなかに「生きいきと生きる力」がどのように育まれてきたのか、けんじろう君の成長の姿を紹介します。

けんじろう君の一年間の成長

けんじろう君は四歳の五月に市内の他の保育園から転入してきた体格のよい男の子でした。当初それまで通っていた園との生活の違いに戸惑い、心細い表情で通園していましたが、明るく気の優しい性格であったため、すぐに友だちを作ってあそぶようになりました。ところがあそぶ時間になると、彼は走り回るか、戦いごっこをするかのどちらか。その他にあそびやあそび方を知らず、林に行っては擦り傷を作ったり、切り株から落っこちたり、戦いごっこが原因でケンカが起きることもしばしば。

また、我が園で常に大切にしている「自分で考える」という習慣もなく、保育者の説明の後で「これどうやるの?」と聞いてきたり、話し合いの時間には集中できずに、ふざけることに流されてしまったり、決まって「けんじろう君!」と注意の声をかけられ、話を聞くように促されたりしていました。

けやの森では年長になって野外活動が増えると、さらに話を聞いて考えることが要求されます。そのため、彼の年間の目標としては「集中して話を聞き、落ち着いて行動すること」が挙げられていました。

次第にクラスの活動にも興味を持つようになり、自然の中であそぶ楽しさがわかるようになり、一学期の終盤には話し合いの場で、わからないなりに発言する姿も見られるようになりましたが、集中力がもつのは初めの一〇分間。「水が冷たかった」「魚を捕まえたらピクピクしてた」「磯あそび楽しかった」と、体験してきたことを発表することはできるようになりましたが、どう思うか？どうしてだろうか？　と話が難しくなってくると、考えることを諦めてしまっていました。

そんな彼が少しずつ意欲を見せるようになったのは二学期のプレイデイの練習がはじまったころでした。夏休みの富士登山で最後まで歩を進め、三四五〇メートルまで到達することができ、クラスの友だちに誇れる自信をつけて帰ってきた彼は、プレイデイで行う自由表現の動きも積極的に考え、こうするのはどう？　こっちのほうがいいかな？　と友だちと相談するようになりました。みんなの前で照れながらも考えた動きを見せてくれるようにもなりました。

一二月の作品展では生きものを作る子が多い中、木で飛行機を作ることに決め、最初の計画表の作成ではかなり苦戦したものの、最後まで投げ出すことなく完成させました。

三学期のひなまつり会に向けては、苦手だった話し合いにも楽しんで参加するようになり、どうしてわかったの？　どんな気持ちだった？　という問いにもゆっくりことばを選んで応えるようになりました。ここのセリフはみんなで揃えたいんだけどどうしよう？ と投げかけると、「オレが、せーのって言うよ」とすすんで役を引き受ける場面もありました。

個人発表ではマジックを選択。マジックの発表は覚えなくてはならないことがたくさんあります。私たちはほんとうにやり遂げられるか心配していました。さらに、ペアを組むことになったのはクラスでもリーダー的存在で「頭脳派」の四月生まれのとしお君。これまで何をやっても敵わない相手でした。練習はもちろんとしお君主導で行われ、「おいっ、次はけんじろうの番だよ」「だから、こうしたらだめなんだよ」と度々責められ、表情を曇らせることもありました。リハーサル後も依然として失敗が続き、「ほんとうにこのままで本番できるの？ 覚えられないなら、何か減らしたほうがいいんじゃない？」と私に問われることも。これまで具合いの悪いことは目を逸らしてことばを濁してきたけんじろう君でしたが、この時はこちらをまっすぐに見つめ返し、「もっと練習する」「できるようにする」ととしお君と夕方も自主練習をしていました。けれど、なかなか完全に二人だけで演技をすることは難しく、本番前の登園最終日、最後の練習としてクラスのみんなの前で披露したものの、完璧にはいかず、自信を持って！ と励ましながらも、保育者にもクラスの友だちにも本番に不安が残りました。

ひなまつり会当日、マジックの二人は第2部、年長児の個人発表のトップバッターを飾ることになっていました。舞台袖からは「けんじろう君大丈夫かな〜」と、クラスの全員が固唾をのんで二人の演技を見守っていました。ところがこの日、舞台上で予想外のアクシデントに見舞われたのはとしお君でした。そしてとしお君をフォローし、身振り手振りでコンタクトをはかり、演技をリードしていたのはけんじろう君でした。観客席から沢山の拍手をもらい、はにかむ笑顔で発表を終わらせることができたのでした。

考えることが苦手だったけんじろう君が一年間の生活を通して、自ら決めたことに責任をもち、とっさの出来事にも対応できるようになったという成長を感じることができました。

一年を振り返って

この年は一言でいうなら「凄まじかった〜！」です。何が凄まじかったのか……。子どもたちの意欲と保護者の方々の理解とサポート。そして日ごとに増える活動計画と課題。子どもたちは毎週末には野外に出掛け、私も休日まで利用しなければ準備とまとめに追いつくことができませんでした。今思い返しても、子どもたちも私自身も本当によくがんばったな〜と思います。もちろん、日々の体調管理や活動に付き合ってくださった保護者の方々も。三者がつながって凄まじい一年を駆け抜けることができたのだと思っています。

けれど実はこの年、私は三月に三年間を共にした子どもたちを小学校へ送り出したばかりで、新しくはじまる四月へ気持ちを切り替えることがなかなかできずにいました。どの園でも同じだと思いますが、年長児の担任というものは忙しく、保護者の期待も大きく、精神的にも重圧を感じるものです。私としては、年少児の担任に戻り、ちょっとホッとしたいという希望がありました。ところが、実際はもう一年年長を担任することになり、正直、気持ちは複雑でした。前年度の子どもたちの顔が頭から離れず、三年間一緒に過ごしたからこその信頼関係と充実した日々をたった一年で構築することは、果たしてできるのだろうかと不安がありました。さらに、数人の保護者からは「先生に全てお任せします」「先生の好きなように保育してください」「全力でお手伝いします」と言われていました。大変ありがたくも、これは何か特別な活動や展開を考えなくては満足してもらえないのだとプッレッシャーにも感じました。気合を入れなおさなければと思う反面、一歩踏み出せずにいる自分が自分で腹立たしかったのを覚えています。そんな気持ちが変わったのは、子どもたちの課題と自分の役割が見えてきたころ。保育者としての使命感のようなものが沸々と湧き、ようやくこの年の子どもたちと正面から向き合う覚悟ができたのでした。

「水のめぐり」の活動をすすめる中では、まだまだフィクションとノンフィクションの間を行き来する五歳児に「真実」をつきつけることがいいことなのか否か。また、伝える真実が専門的に本当に正しいのかどうかや、子どもたちの疑問を拾いながらの計画ではあっても、担任である私の思いも強く活動に反映されていくことがいいことなのか否かという迷いがありました。

クラスの中でも科学的なことに興味を抱き、現実的な思考をもつ子もいれば、空想の世界を楽しみ、想像力豊かな子もいました。真実や私の考えを見聞きし、子どもの世界観が壊れてしまうことを危惧していました。翌年、再び年長の担任になった私はこの反省を元に「磯の生きもの博士になろう」というテーマから磯の生きものの不思議を解明しながらも、「もしも○○な海の○○になったとしたら」と想像のお話を考えて絵を描き、絵本にまとめたり、歌を作って発表したりとファンタジーの世界を充分に堪能する展開を考えました。

どちらがいいのかと問われたとしても、その答えはわかりません。ただ言えることは、どちらにせよそのときの子どもたちが意欲をもって主体的に活動を楽しんでいたかどうか、この点が重要なのだと思います。子どもと保育者との気持ちが通い、互いに満足できれば保育の方法や展開はそれなりにまとまっていくものなのだと思います。子どもたちの様子や姿勢、クラスの雰囲気、家庭環境、保育者との関係はその年その年で違います。これからもきっと「本当にこれでいいのだろうか?」と迷うことはあるはずです。もちろん自分の保育を客観的に見つめ、疑問を投げかける視点は忘れずに、それでもそのとき、正しいであろうと考えることを、子どもたちを思って一生懸命にやれば必ず誰かは理解してくれるものだと思います。そして、たとえ真実を知ったとしても、子どもたちから想像力を奪うことはないと今は思います。また、それぞれの道を歩みながら知識を塗り替えていくことは可能であると考えています。さらには保育の展開や内容を考えるうえでは、子どもの興味関心、要求に応じるだけではなく、そこに子どもの課題を捉え、活動を通して何を伝えるのかという保育者の意図するものがなければならないとも考えています。

この年の子どもたちは意志が強く、純粋で、信じて真っ直ぐにこちらを見つめる瞳に、中途半端な答えを用意することはできなかったと思います。これも一つの保育の形として、この先も続く私の保育人生の中で財産になったことは間違いありません。

そして、この凄まじい一年の中で体力的にも精神的にも「もう限界だー」と叫びそうになったとき、支えてくれたのは子どもたちの成長と、保護者の方々の温かい理解だったと思います。

子どもの心がわからず、あんなに自分の思いをことばにするよう伝えてきたはずなのに、卒園を迎えるころには「先生が思ってることとわかるよ」「みんなが私の言いたいことわかってるってことがわかるよ」と見つめ合うだけで、ことばにしなくても互いの気持ちがわかる関係になりました。

三月の終わり、一年見つめてきた子どもの成長をその子自身に伝えていた日のこと。「一人ずつ順番に呼ぶからあそんで待っていて」と伝えておいたはずが、いつの間にか列になって自分の番を待つ子どもたち。友だちが何を伝えられているのか、自分は何て言ってもらえるのかをワクワクしながら待つ子どもたちの姿を見たとき、私は心から子どもたちを愛おしく思いました。この一年、みんなの殻を破りたくて、もっと意欲的になってほしくて向き合ってきたつもりでしたが、あらゆる場面での子どもたちの姿を見ていたら「その子らしく、その子なりに精一杯力を発揮できればいいのだ」と考えるようになっていました。それまで「こうさせなければ」「ここまで成長させなければ」と力んで殻に閉じこもっていたのは私のほうだったのだと気づかされ、子どもたちには私のほうが新しい世界に連れ出してもらったのだと感謝の気持ちでいっぱいです。

そして、いつでも何か力になれることはないかと心配し、手を貸してくださった保護者の方々。私の性格や考えまで察して保育に参画してくださいました。初めはプレッシャーに感じていた保護者の期待も、いつしか私の原動力になっていました。本来伝えづらい子どもの現状や、私の失敗、さらには子どもたちの家庭環境も隠さずに共有しながら協力することができたと思っています。日々交わしたことばや、重ねた連絡帳のやり取りは未だに私を励ましてくれています。

また、年長の自由な活動が円滑にすすむよう協力し、園を整え、行き詰ったときには一緒に考えアイデアを提供してくれた同僚の保育者や職員にも感謝しています。

4 章

生きる力を育む
自然の教育

新しい教育を打ち立てよう

けやの森学園の理念　子どもは幸せに向かって、生きてほしい

そこに、好きなものがある。楽しいことがある。毎日毎日、そのために幼稚園や保育園に行こうと思えるのは、子どもにとって大きな幸せではないでしょうか。楽しみがあるからこそ、もっともっとと意欲や探求心が生まれます。

生きる力の源はそんなところにあるのではないでしょうか。

一昨年（二〇一一年）三月一一日、東日本大震災により、私たちの国は未曾有の被害をこうむりました。自然災害である地震や津波は二万人を超える犠牲者を出したばかりでなく、生活の拠点である家や仕事を奪いました。そのうえ、明らかに人災である原子力発電所の崩壊に伴い、数十年、数百年に及ぶ放射能被爆との苦悩の闘いがはじまったのです。人間の愚かさがまざまざと炙り出された感があります。子どもたちに何と説明したらよいのでしょう。私たちは大切な子どもを、彼らがこれから生きていく地を、放射能の海に晒してしまったのですから。子どもたちの幸せな将来を奪ってしまった私たち大人の罪は深いと言わざるをえません。

今から百二十年も前、栃木県で起きた「足尾銅山鉱毒事件」という公害をめぐって、時の明治政

府に対して身を挺して告発し続けた田中正造（当時衆議院議員）は、

「真の文明は、山を荒らさず、川を荒らさず、村を破らず、人を殺さざるべし」

ということばを遺しています。当時明治政府は、西洋に追いつき追い越せと「富国強兵」を唱えて、軍事力の増強と経済成長を国を挙げて強引に推し進めていました。そんな時代に銅の精錬会社から渡良瀬川下流域に鉱毒が流出するという公害事件が起き、田畑が枯れ、工場からの煙害もあって、いくつかの村が廃村になる事態を招きました。田中正造は経済的な価値に換算できないものとして「山、川、村、人」（自然、共同体、人権）をあげ、それらが尊重された「真の文明」をと訴え続けたのです。

しかし、日本はその後の五〇年間、日清戦争、日露戦争、第二次世界大戦とつきすすむことになってしまいます。今年は、その田中正造の没後百年です。未だに収束の見通しもまったく立てられない「福島原発事故」は、経済効率と「真の文明」との関係を私たちに問うています。

震災と原発事故の後、私たちの社会のシステムや生活は、ことごとく「それでいいのか」と、根底から問われることになりました。

経済大国を目指したこの半世紀、大人たちには、真実より楽な道を、生命よりお金を優先する力がどこかで働き、選択を狂わせてしまったのです。子どもを育てるにあたっては、親の期待と価値観に基づいたレールが敷かれ、子どもは与えられた環境の中で、大人側の意向のまま進んでいれば〝良い子〟と評され、学校の成績の優劣が絶対視されてきました。その過程で子どもたちは自然を奪われ、あそびを奪われ、生活を奪われ、人間として生きる力を育む機会をことごとく奪われていったのです。不登校やひきこもり、いじめ自殺……。国際比較調査で、どこの国の子と比べても「自分に自信がない」と応える比率が多いのが日本の子どもたちです。この現実がこれまでの「教育」の結果と言えないでしょうか。

今、私たちはこの大罪の償いとして教育・保育の原点に立ち返って大いに反省しなければなりません。

子どもたちには自然を愛し、人を信じ、自分を信じ、自由と責任をわきまえ、幸せを追求する人間に育ってほしいと願います。私たち大人を乗り越えて時代の課題を切り拓く力を育んであげたいと思います。とりわけ平和と環境の問題は、国や思想の違いを超えて、地球全体で私たちが日常から考えていかなければならないものです。そういった課題を突きつけられている時代においては、解決への糸口は、まず一人の人間として、個々人がそれをどれだけ理解し咀嚼《そしゃく》し、そして具体的な行動に移せるか、つまり、自ら良しとする考えを選び取り、それに従って自らの行いを変えていけるかどうかということにかかっているのではないかと思います。

「自分をつくるのは自分自身」（フレネ）です。そのために必要な教育的環境を整えてあげるのが私たちの使命です。

「明日」

はきだめに
えんど豆咲き
泥池から
蓮の花が育つ
人皆に
美しき種子あり
明日何が咲くか

（安積得也詩集『一人のために』より）

人は誰もが素晴らしい可能性を持って生まれてきます。花の姿や咲く場所、時はそれぞれであっても、かけがえのなさにおいては一緒です。私たち教育者の存在は幼子の中にある「美しき種子」を優しく包み込む土壌のようなものなのでしょう。たっぷりの栄養を与えられる土壌になっているでしょうか?　やがて子どもたちが自らの力で素晴らしい花を咲かせるために――。

けやの森学園の現理事長佐藤玲秀が、修業時代に師事した高尾山山主山本秀順僧正（叔父）は、先の戦争に反対して巣鴨拘置所に投獄された経験を持つ方です。山本僧正は戦後高尾山薬王院の住職に就くと、高尾山の自然破壊を食い止め、次世代に遺していかなければならないと、高尾の自然を守る運動を提唱されました。開園にあたり、この師僧から学び受けた人間観や自然観を教育の場で実践していこうと確固たる信念を持って出発しました。

「一人ひとりのいのちを　光り輝かせたい　悠久の歴史の中で　築きあげてきた　人間の文化に　洞察をめぐらせると共に　自然が常によき教師であったことに着目し　自己と社会の真実をみつめ　未来の地平を切り拓く力――〝生きる力〟を育みたい　かえがえのないいのちを　光り輝かせたい」

これは、開園以来園の紹介冊子に載せて、大事にしてきていることばです。「生きることはすべて自然から学べる」「自然は生命の源であり、複雑な生命の連鎖の下にそれぞれの生命活動が保たれている哲学、宗教の基になるもの」というように考え、「生きる力を育む自然の教育―生き生きと　それぞれに　生き生きと―」をけやの森の保育・教育理念の柱としたのでした。

子どもたちに希求すべき世界を指し示さなければなりません。これまでの反省の上に立った新しい教育、真に子どもにとっての幸せを保障する教育を打ち立てることです。人として、進むべき道を正しく見極める智慧と力を身につけてやることです。人間らしく生きる力を培うことです。

自然を教師に

「自然の教育」

人間として生きるために必要な「子ども時代」を奪われた子どもたちを、どうしたら〈自然〉の中に、〈自然〉な形で、より近く、より深く、関われるようにして、からだで学ぶ場を作ることができるでしょうか。環境としての自然を保障することと同時に、新しい教育のあり方として、一斉保育でもなく、自由保育でもない、両方を統合する形での「自然の教育」を構想しました。

自然のフィールドを教育環境にして、個々の子どもの主体的なあそび（学び）を保障しながら、保育者はあそびの発展性を予測し、集団で共有できる課題を一斉化していきます。自由でもない、一斉でもない、また一斉でもあり、自由でもある保育、個別化と一般化、特殊化と普遍化の発展的な循環が子どもたち自身の生活を主体的に作り出していく、これが《自然の教育》です。

自然という教師の中に解き放たれた子どもたちは、自身の力＝生きようとする力とよりよく生きようとする力をバネにして、あそび（学び）を通して、人間関係を作っていきます。その関係の中で、知識や技術を学び取り、その情報を学び合い共有し、それによって人間関係を広め深め、新たな情報の獲得に向かいます。自主的な活動と、主体的に獲得した情報、からだで学び取った知識や技術、人との関係は、よりよく生きようとする子ども自身の力となって蓄えられていきます。

幼児教育の目的と「宗教的情操」

私たちはこの「自然の教育」を通して、子どもたちの中に「宗教的情操」という、人間らしい心持ち（感性や情操）を醸成することを一番大事にしています。

教育は知識の習得だけではないと思います。もっと人間の根幹に影響を及ぼす哲学的なものでなければならないと思います。

自然には人間によって作られた秩序ではなく、それを超えるはかりしれない大きな力があります。「自然」とは知識や技術ばかりではなく、考え方や生き方の基底をなすもので、子ども自身が五感を使って感性を磨く環境だと思っています。

そのような自然の環境の中で、私たち自身のからだで学ぶという、けやの森学園の教育の基本がありますּ。目や耳で、そしてからだや心など、全身を使って直接ふれて感じることこそがとても大切なのです。また、いつ何が起こるかわからない自然の中で、楽しみを見出すだけではなく、現実を受け入れ、とっさに「どうしたらよいか」を判断し、行動することを迫られる環境——決まった答えのない環境——その中で、自分で答えを見つけなければなりません。そのためには、自身の力を知っておくことが大切です。

自然とのふれ方によっては、私たち大人が到底伝えられない奥深い感覚や事の本質を見抜いていく力を子どもたち自身で獲得しながら、自己肯定感を身につけていけるのではないでしょうか。

一方で自然の厳しさばかりでなく、自然の気持ちよさ、すばらしい景観、また、ふしぎな出会いもあります。襲いかかるヘビからひな鳥を守るために闘う母鳥の姿や、朽ちた木の脇から幼木が立ち上がっていたり、夜明けの鴇《とき》色に染まる空と海と大地など、今まで一度も見たことのない夢のような世界を見せてくれることもあります。そんなとき、誰しも心の底から湧きおこる感動を覚えるものです。

ですから乳幼児のうちから自然にふれ、その体験の一瞬一瞬を鮮烈に受け止め脳裏に焼き付けていくことがこれからを生きる子どもの生活の糧になっていくものと信じています。そのとき通り過ぎても、「昔味わったことがあるこの気持ち」とか「初めてではないこの景色」などの残存する感覚的、観念的な思いが、先行経験として後に得る知識が生きてくるのです。

このように、自然と関わる中では、哲学、芸術、倫理、道徳、畏敬など、人間として持つべき心の基盤をしっかりと身に付けることができます。机の上の勉強では教えることも学ぶこともできない、人間としての生き方を学ぶことができるのです。そんな目に見えない心の持ちようが自然体験の中で培われることを、私は多くの体験から確信を持つようになりました。

夏の畑での一幕。畑で育てていたトウモロコシが虫に食われて収穫できないという出来事がありました。この年の年長児は畑で育てた野菜を調理し、販売することをくり返し、お金を貯めながら社会の仕組みについて学んでいました。そのため、トウモロコシで何を作ろうかと収穫を楽しみにしていました。残念な気持ちをかかえたまま園に戻ってきた子どもたちは、どうして虫に食べられてしまったんだろう？　どうしたら確実に収穫できるのだろう？　ということについて話し合いをもちました。

保「今日のトウモロコシの収穫はどうだった？」

子「せっかく楽しみにしてたのに、虫がいっぱいで残念だなって思った」

「あれ、気持ち悪かったよね～」

「もっと食べたかったのに……」

保「どうして虫に食べられてしまったんだろう?」
子どもたち「おいしかったからじゃない?」
「甘かったからじゃないかな」
保「どうしたらちゃんと収穫できるようになるのかな?」
子「薬をまけばよかったんだよ」
「そうだよ。そうしたら虫はこないよね」
保「そうか、薬かぁ。でも、薬ってみんなのからだにいいのかな? それに、薬を使った野菜はみんなふだんから食べてるんだよ」
子「だったらいいじゃん! からだに悪くないってことじゃん。人間のからだにいい薬を買ってくればいいんだよ」
保「でも、薬はなんのために使っているのかな?」
子どもたち「虫を殺すため」
保「そうだよね」
子「だったらだめだよ。だって、僕たち本堂で『生きものを大切にします』って言ってるんだから!」
保「そうだよね。のの様にお誓いしているよね……」
子「あっ、わかった! こっちは『虫さんどうぞ』ってして、こっちは『うみ組が食べるからだめだよ』ってすればいいんだよ」
保「分けて育てるってこと?」
子「そう。そうしたら、殺さなくていいし」
子どもたち「いいね〜」
保「じゃあ、虫を殺さずに遠ざける方法ってあるのかな?」
子「わかった! あのさ、まあるくて、長くて、穴が開いてて、ツルツルしたものを種を植えた上におけば? 虫がおいしそうだな〜って来ても滑って登れなくなるよ」
保「ツルツルした筒をかぶせるんだ。面白いね! あっ、でも長いと暗くなるよね……」
子「太陽が当たらないと大きくなれないよ」
「網みたいなのをかぶぜたら? 穴がちっちゃいやつ。そしたら、虫が入れなくて、お日様が届くんじゃない?」
保「それ、いい考えだね。」
子「それで、その虫さんが好きな食べものを置いといたら? それでお腹いっぱいになれば、うみ組のものを食べないんじゃない?」
子どもたち「いいかも!」
子どもたちは、巧みな発想で問題を解決していきます。生命の大切さも食物連鎖も生物の多様性も全部ひっくるめて解決してしまう哲学を秘めています。これを幼稚だなんて笑えるでしょうか。子どもは子どもなりに、生き抜く術を培っているのです。大人の社会にも負けない生きるための哲学をちゃんと秘めているのです。

かわいがってあげたい、守ってあげたい、手伝ってあげたい、と思うやさしい気持ち、また、もったいない、かわいそう、がまんしなければ、自分からやらなければ、この子の苦しみを代わってやりたい、きっとよくなる……、そういう心が「宗教的情操」であり、教育はさまざまな学習をとおして、この「宗教的情操」に向かって導かれるものであると考えています。

そうした情操は、ことばや文字で教えるということではなくて、自然の中で、また、さまざまな生活をする中で、子どもをいろいろな状況に出会わせることで、そこでの体験を通して子ども自身が学び取っていく、感じ取っていくものです。

ふしぎさに感動する心

雪のふわふわした感触、朝焼けの美しさ、海の向こうに沈む夕日のすばらしさなどを見るにつけ、子どもたちは「何でこんなことが生まれるのだろう?」、「何でこのような状況が創られるのだろう?」、「何でこんな色になるのだろう?」、「どうしてこんな感触になるのだろう?」と、自然の景

自然の雄大さふしぎさに身をひたす時

観にとても大きなふしぎを感じるのではないでしょうか。そしてたとえば、雪の下に小さなつぼみを見つけたときには「こんな冷たい雪の下からつぼみを膨らませている」、「寒さに耐えながらしっかりと春を待つ芽が育っている」というように、生命の尊さ、偉大さ、大切さにふれることになります。

自然のもつふしぎと自然のもつ景観のすばらしさは、私たちの目に焼き付いて離れないだけではなく、心の中に大きな影響を及ぼすものなのです。子どもたちが林であそんで帰ってくると、決まってどの子もいい顔になります。そして、他人に対してやさしく接するようになります。「いつものあの子のことばかしら？」とつい耳を疑ってしまうほどです。心が安らいでゆったりしてくると、物事を冷静に好意をもって捉えることができるようになります。

また、老木が倒れればそこから出てくる新しい木の芽、そしてそこに付着するものを栄養源にして生きる虫たち、そんな様子を見ることは、生命の巡り、宇宙の循環というものを、理屈ではなくからだ全体で感じ取ることになります。子どもにとっては「人間は死んで、また別の生命が生まれてくるんだ」「宇宙というのは、こんなふうに巡っているんだ」ということを論理的に説明されるよりも、肌で、からだで感じることのほうが、どれだけ信憑性あり、本当によく感じられるかということなのです。

生命にふれて深く感じる自然の偉大さというのは、こういったところにあるのではないかと思います。

名著『沈黙の春』で化学薬品による環境汚染を告発し、世界中の人々に地球規模での環境問題を考えるうえで多大な影響を与えた海洋生物学者のレイチェル・カーソン。彼女が姪の息子ロジャー君と一緒に海や森、空、草花や虫・動物など、深い大自然の神秘や驚異にたっぷり浸かった時間を過ごしたときの様子が『センス・オブ・ワンダー』という本に綴られています。

カーソンが一番願っていたことは、すべての子どもが生まれながらに持っている神秘さやふしぎさに目を見はる感性（センス・オブ・ワンダー）をいつまでも失わないでほしいということでした。子どもにとって「感じること」は「知ること」よりもはるかに大事なことだと述べ、そのために必要なことは、私たちの生きるこの世界の、喜び、感激、神秘などを子どもと一緒に再発見し、感動を分かち合ってくれる大人が、少なくとも一人側にいることだといいます。そして、幼い頃のこうした自然体験とそれがもたらす感動が、生涯にわたって、人として大事なものを育んでいるに違いない、と結んでいます。私たちの考える「宗教的情操」に通じるように思います。

挑戦する、冒険することの重要性

自然の中での活動には冒険がつきものです。

自然の中では危険がいっぱいなので、常に自分自身が頼りです。自分の目、自分の耳、自分の力、自分の五感と知恵を総動員して判断する以外に道はないのです。自分に力がなければいったんあきらめなければなりません。2章で紹介した富士登山などは、その最たるものと言えます。

今日、家庭ばかりでなく幼稚園や保育園でも安全管理を優先するあまり、子どもたちが本来もっている「挑戦する意欲」や「冒険心」を奪っている状況が広がっていることに、私たちは大きな危惧を感じています。二歳なら二歳なりの五歳なら五歳なりの、一人ひとりの育ちの度合いに応じて冒険を体験させたいものです。

安全はもちろん第一ですが、そのためには、自ら危険を察知して回避する能力を育てなければなりません。幼いときからの小さな挑戦や冒険体験の積み重ねによってしかそれは身につきません。私たちの富士登山の取り組みを聞いた人の多くは、「幼児になんて無謀なことをさせるのか」と言われます。これまで三十数年登山を行ってきていますが、事故は一度も起こしていません。周到な準備はもちろん、子どもたちの能力や体調をきちんと把握したうえで、その子にとって無謀なことはさせないできているからですが、それまでの充分な自然体験活動の中で、子どもの中に限界に挑戦する冒険心だけでなく、危険を避ける自己判断力を培ってきているからだと信じています。

一般に冒険とは、ある種生命を賭けて未知の世界に挑むことです。自然の中では予測できない危険がたくさんあります。その危険を承知の上で挑戦をするのです。あらゆる危険を想定し、できるかぎりの準備をします。刻一刻、新たに起こる現象に立ち向かい、目的を達成することは苦闘です。しかし、その苦闘を乗り越えた時の喜びは、何物にも代え難いものとなります。ですから人は冒険をするのでしょう。また、いまだかつて経験のない自然の現象は、それに出会う人に驚異や感動を与えます。今まで知らなかった世界を知るということは、私たちにとって大きな喜びであるとともに智慧と力になります。

真っ赤に染まる朝焼けの空と海と大地。この世のものとは思えないような景色に包まれたとき、人は美しい理想の世界を感じるのです。私は冒険の意味とはそういうものだと思っています。


では、幼少期にふさわしい冒険とはどんなものでしょう?

幼少期のからだの発達を考慮して、目標は子どもが少し勇気を出して挑戦すれば達成できるところに置きます。冒険の度合いは低いのですが、心の中で感じることは幼いからと言って少ないだろうと決めつけることはできません。むしろ幼い時期だからこそ直感で吸収する力は強いのです。

新しい世界へ足を一歩踏み出すことは、そこから得られる苦闘も喜びも、驚異や感動も、理想の世界を感じることも大人と同様に、いや大人以上に吸収することが可能です。それが幼少期の特徴

9月　空	10月　実	11月　葉	12月　冬ごもり	1月　雪	2月　氷	3月　土
	秋のプレイデイ		生活作品展	スノーキャンプ		ひなまつり会
秋			冬			春
目や耳や肌で秋から冬への季節の移り変わりを感じ楽しむ			冬の自然を知り寒さに負けず元気にあそぶ			戸外に出て身体を動かし春の花や風を感じる
・戸外で思いきり身体を動かしてあそぶ ・澄み切った空に秋の気配を感じる	・目に見える身近な変化から秋に気づく ・実りの秋を感じる	・秋の自然物を集める ・秋の虫を探してみる ・風の冷たさを感じる	・冬の訪れを肌で感じる ・土の中や木の皮に隠れる生きものの冬ごもりを知る	・冬の生活を楽しむ(雪が降ったら雪あそびを楽しむ) ・寒さに負けず戸外で身体を動かしてあそぶ	・冬の自然現象に興味をもつ ・水の変化を知る	・戸外に出て春を見つける ・季節の変化をいろいろなことから気づく
初秋・秋			初冬・冬			早春
秋の自然にふれて感じたことを伝え合う			戸外に出て冬ならではのふしぎを感じる			草むらや道ばたの生きものを発見し親しむ
・自然の中で友だちと一緒に身体を動かしてのびのびとあそぶ ・虫の鳴き声に気づき季節の移り変わりを感じる	・どんぐりや葉の色から秋の自然に気づき自然物を採集して楽しむ ・大切に育てた野菜を収穫し喜ぶ	・作物の実りや収穫に関心をもつ ・秋から冬への自然の変化を知る	・冬を迎える生きものの生活の様子に興味をもつ ・自分の生活の変化と生きものの生活を比べ話し合う	・氷、霜柱などに興味をもち試してあそぶ ・風の冷たさに負けず元気よく外であそぶ	・木の芽など、寒さの中で春への準備をしている植物にふれそのふしぎを感じる ・水の変化のふしぎを感じ実際にふれてあそぶ	・土の中で春を待つ生きものを見つける ・庭、畑、林などいろいろな土にふれ土の温かさを知る
美しさや偉大さにふれる　・秋の自然を身体で感じ、自然界と自分との関係について考えてみる　・四季の移り変わりを通						
表現 ・友だちと一緒に考えを話しあい工夫協力しながら野外での生活を楽しむ ・ひとりだちキャンプを乗り越えた自信を胸に意欲的に生活する ・自らの経験をみんなに伝える ・秋への移り変わりを伝え合う ・野山の色の変化に気づき自然の移り変わりに関心をもつ ・収穫の喜びにふれて自然を大切にする心をもつ ・収穫した物を調理し食する ・想いを共有する仲間と協力する喜びを味わう ・秋ならではの実や種、葉など自然物を使って創意工夫しながら表現を楽しむ ・物事に集中し意欲的に向かう ・種子による次への生命のつながりを知る ・季節による生活の変化を考える ・健康な身体について話し合い生活に活かしていく ・自ら考えたことを形にする喜びを味わう				**発表（学びのまとめ）** ・冬の自然現象に興味をもち実際の生活を通して確かめてみる ・自然の厳しさを知ると共にそれを乗り越える力をもつ ・活動の目的、自らの課題を理解し目標に向かって努力する ・自然の営みを感じ春に近いことを知る ・冬の林を探索し夏との変化を伝え合う ・物事に一生懸命取り組む楽しさ、喜び、厳しさを知り自らの可能性に挑戦する ・時間の経過と共に巡る自然の流れやしくみに気づく ・これまでの経験から自分に自信をもち生きいきと生活する ・自らの成長を自覚し新しい世界へ踏み出す勇気をもつ ・感じたこと、知り得たこと、考えたことなどを自分なりにの表現で伝えながら評価しあう		
・自分の経験を伝えながら意欲的に生活する ・目や耳や肌で季節の移り変わりを感じる	・野山の色の変化に気づき自然の移り変わりに関心をもつ ・知り得たことを身体で表現する	・作品づくりを中心に物事に意欲的に取りくみ集中する ・秋ならではの虫や実や葉の変化やその関係性に気づく	・自ら考えたことを形にして喜びを味わう ・冬の気候を知り健康な身体づくりや生活の仕方を考える	・大自然の厳しさをしり楽しみを見出す ・活動の目的を理解し、目標に向かって意欲的に生活する	・冬の自然現象を発見し生活を通して確かめる ・自信をもって生きいきと生活する	・春の近いことを感じ自然の営みを知る ・自他の成長を感じ新しい生活に期待をもつ

自然体験活動幼児年間のねらい

		4月　花	5月　風	6月　雨	7月　水	8月　太陽
	年間のねらい	春のプレイデイ	川あそび	親子カヌー 磯あそび	富士山五合目ハイク 年中少キャンプ	ひとりだち キャンプ
3歳	自然の中であそぶ 心地よさを感じる	春		夏		
		戸外に出て身体を動かし 春の花や風を感じる		手足で水や砂や泥の感触を味わい、 ダイナミックなあそびを楽しむ		
		・散歩に出かけ身近な花々に興味をもつ ・園庭の花や身の回りの小さな生きものに興味をもつ	・やさしい春の風を感じる ・やわらかな土の感触を味わう	・雨降りに興味をもち楽しみを見出す ・春から夏への移り変わりを感じる	・泥であそび泥の感触を楽しむ ・いろいろな水であそぶおもしろさを知る	・水あそびをダイナミックに楽しむ ・夏の虫を探してみる
4歳	自然の魅力やふしぎを発見し 自分からかかわりをもつ	春		初夏・夏		
		草むらや道ばたの生きものを発見し 親しむ		夏ならではのあそびを全身で楽しむ		
		・花のまわりの生きものに関心をもつ ・戸外に出て身体全体を使ってあそぶ	・春の自然の中でのびのびとあそぶ ・花や野菜の種をまき生長の過程を観察する	・身近な生きものにふれ興味や親しみをもつ ・野菜の生長を観察し収穫を楽しむ	・水の危険を知る ・夏の空（太陽、雲、雷）に関心をもち自然現象の変化に気づく	・身体全体で水あそびを楽しむ ・休息の大切さを知る
5歳	四季の中で充分に身体を動かしながら仲間と学びあう	・戸外に出かけ身体を動かし開放感を味わいながら自然のふしぎを感じる　・山、川、海などの自然の して友だちと自然のふしぎを解き明かす				
		体験 ・散歩をしながら自然とのふれあいを多くもつ ・花と虫の互いの関係に気づく ・植物の生長に興味関心をもつ ・さわやかな風を感じながら身体を動かし活発にあそぶ ・自然のふしぎを感じ自分なりに考えてみる ・自然の営みの中で梅雨の大切な意味を知る ・生き物を飼って世話をする ・山や川の遊びを通して水のふしぎを感じ巡りを考える ・夏の気象に関心をもち太陽や宇宙についても興味を広げる ・大自然の美しさ、厳しさ、偉大さに感動する				
		・春の心地よさを身体で感じる ・最高学年の自覚と喜びを感じ行動する	・春の陽気の中で思い切り身体を動かす ・春の草花を使って作品づくりを楽しむ	・季節の移り変わりを肌で感じる ・水にふれ、その大切さや楽しさを味わう	・夏ならではのダイナミックなあそびを楽しむ ・山や川のあそびを通してふしぎを感じる	・夏の季節を身体で感じ暑さを乗りきる ・夏ならではのいろいろなかかわりを楽しむ

でもある潜在的な能力なのです。ですからなおさら、幼少期の冒険の意味があるといえます。

子どもは、雨が降れば林には行けないし、晴れていても昨日の強雨で水かさが増せば、川には入れない、急に雷が鳴ればすぐにカヌーをやめて岸に上がらなければならない。いろんなことを、子どもは自然の中で実際に体感しています。ですから、今回は仕方ない、あきらめよう、また次に期待しよう、という姿勢が身についてくるのです。

また、その逆もあります。思わぬところで涙が出るような景色に出会ったり、感動する光景を見たり……ですから、今回はダメでも次はいいことがあるかもしれないというゆったりとした気持ちになるのです。

挑戦する、冒険する、でもあきらめる、また次に挑戦する、でも叶わない、また冒険する、うまくいかない……そのくり返しが人生なのではないでしょうか。

何もやらないのがいいのではなく、精一杯挑戦してみる、叶わなくてもただ落胆するのではなく、反省し、次に備える。うまくいかなくても、まだ他に方法があるのではないかと考える。でもやっぱり叶わなければ、あきらめる、自分の力では及ばないこともあるし、でも次には……このように人生を考えれば生きる希望が湧いてきます。

＊けやの森学園の自然体験活動の詳細については本書と合わせて発行した三冊のカラー版『いっぱい

の感動と表現する喜び　自然の教育カリキュラム』（年少編：ふれる・感じる・気づく、年中編：ふしぎの心をふくらませる、年長編：冒険する・仲間と学びあう）をぜひご参照ください。

ここでは、「自然体験活動幼児年間のねらい」の表を掲げておきます（一七八〜一七九頁）。

子どもの自主性・主体性を育む　―フレネ教育に学んで―

「自然の教育」が目的とするところの第一は、子どもの中に人間らしい心持ち（「宗教的情操」）を育むことにあると述べました。そして、そのうえに、自立した個人として自主的・主体的に幸せに向かって生きていく力を育んであげることだと考えています。

自立的に生きるとは、身の回りのことを処する身辺自立からはじまり、やがては、子どもたち自身の手で生活や社会を作っていくことです。それとともに、体験や事実を通して感じたことを自分の頭で考え、判断し、目的を持ち、そこに向かって意欲的に努力をする。そのようにして自分自らが人生の主人公になって、よりよい生き方を求めていくことです。

では、どうしたら子どもたちは自立的に生きいきと生活できるのでしょうか。

人はやりたいことを存分にできた時は満ち足りた気持ちになります。自分がやりたいと思ったこと、楽しい活動をしているときは、少々つらくても、面倒なことでもがんばることができます。ですから、子どもたちが「こうしたい」「こうなるといいな」という、憧れや希望を持てる生活を保障する保育が求められます。その思いがあれば、そこに到達するまでに感じるモヤモヤしたマイナスの思いや失敗を払拭しながら、苦労してやり遂げる力や喜びが心の底から湧いてくると思います。それらすべてのことが生きる力になるのだと考えています。

フレネ教育との出会いと学び

二〇年ほど前、本園の造形の先生から「フランスにけやの森学園とよく似た教育をしている学校がありますよ」と言われたのが、フレネ学校との出会いでした。私たちは日本のフレネ教育研究会の若狭蔵之助先生にお願いして、すぐさま視察研修に出向きました。以来今日まで、ときにはフレネ学校から先生をお招きしたりして、実践研究の交流が続いています。私たちが子ども主体の教育を模索していくうえで、フレネ教育からたくさんの気づきと学びを得てきました。

＊フレネ学校とは

フレネ学校の創始者セレスタン・フレネ（一八九六〜一九六六年）は、フランスの小学校の教師でした。第一次世界大戦で負傷し、後遺症を負います。大戦後、南フランスの山の中の小さな小学

朝の会で一人ひとりお気に入りの話しをする

フレネ学校の先生方と

校に赴任するのですが、そこでの教育と子どもたちの姿に彼は大きなショックを受けます。教師の号令一下でまるで軍隊のように動かされる子どもたち、授業は子どもの世界とかけ離れた教科書の説明や音読、清書、暗記の反復練習に終始するばかりで、すっかり学習意欲をなくした子どもたちの荒れた姿がそこにありました。

ところが、そんな子どもたちもフレネが「散歩学校」と称して村の中に連れ出すと、豊かな自然に好奇心をいっぱい働かせたり、農民や職人たちの働く姿に見入ったり話しかけたりと、活気のある姿を取り戻し、感動したり発見したことをフレネに絶え間なく話しかけてくるのです。子どもたちは真に学びたがっている、表現したがっていることを見てとったフレネは、それまでの教育を否定して「子どもの生活、興味、自由な表現」から出発し、「自分が役立ち、自分に役立ってくれる理性的共同体における人格の自己形成」を目的とした教育学（フレネ教育）を、提唱することになります。

日本のフレネ教育研究会の重鎮である古沢常雄先生（フランス教育史・元法政大学教授）には、けやの森学園から自転車で行ける範囲にお住まいというよしみもあって、いろいろとご教授いただいているのですが、先生は次のようにフレネ教育の特徴を紹介しています。

「フレネは、教師の権威の象徴である教壇、生徒を見下す教壇を教室から無くし、子どもと同じ目線に立ちました。大人とは違う子ども独自の感じ方・考え方にそって教育を進めようとしたのです。彼は、子どもの自由な表現を大切にし、子どもが感じたこと・考えたこと・経験したことを綴った作文（自由作文）を子ども自身の手で印刷させました（学校印刷）。これを遠くの学校と交換し、送られてきた、よその学校の子どもの生活や自然環境を学びました（学校間通信）。ときには、互いに訪問する交換＝交歓旅行も行いました。こうした活動は社会科や理科の学習を豊かなものにしました。子どもが興味を持ったことを子ども自身で研究し、みんなの前で発表しました（自由研究）。学校で学ぶだけでなく、地域の生活・自然を学びに、よく校外に出かけました（散歩学校）。椅子に座って頭だけで学習するのではなく、からだと手を使って創造活動を行いました（活動学校・労作学校）。先生が全員に一斉に教えるのではなく、生徒一人ひとりが自分の能力・興味に従い自分で学習の計画を作って学習を進めました（個別学習）。学校生活の規律は教師が決めるのではなく、子どもたち自身で会議を持って話し合いで決めました（学校協同組合）。」

（一九九六年八月二一日「第二回けやの森学園　公開保育とフレネ研修会」での古沢常雄先生の講演より。於：けやの森学園　なお、章末に〈参考資料〉として、同日に元国立教育博物館フレネ教育資料室長ミシェル・バレ氏の講演抜粋を載せてあります。二一七頁）

既存の教科書も使わないこうした彼の教育をめぐって、やがて国を二分する論争が起き、結果、彼は休職せざるをえなくなり、一九三五年、私費を投じてバンスにフレネ学校を開校し、そこで実践・研究を飛躍的に発展させ、世界の教育に影響を与えていくことになります。

ちなみに、フレネの考えは危険思想として第二次大戦中フレネは収容所に入れられました。けやの森理事長の佐藤玲秀が師事した山本秀順僧正が同時期に戦争に反対したことで巣鴨刑務所に収容されていたことを思い、感慨を深くしました。

*フレネ学校の子どもたち

フレネ学校の存在を知った翌年、さっそく私たちは見学・研修に出向きました。そこでの教育には、確かに私たちの目指す教育と共通するものを感じましたが、子どもの自主性・主体性を軸にした教育の徹底ぶりに、大いに驚き共感し、たくさんの学びを得ることができました。

フランス南東部ニース近郊、肌色の壁にサーモンピンクの屋根の家々が並び、中世の面影を遺したバンスという町にその小さな学校はありました。クラス編成は異年齢で、三〜五歳、六〜八歳、九〜一一歳、それぞれ二〇名ずつくらいの三つです。

まず驚いたのは、私たち研修団に向かって小学部の子どもたちが学校の説明をしてくれたことです。授業の内容、方法、評価の仕方などを自分のノートや教材を見せて、細かに、しかも手ぎわよく話してくれました。学習は主に、自由作文、読むこと、書くこと、数のこと、アトリエの活動（イマジネーションの世界を楽しむ）、研究発表、イニシアチブとに分かれていました。二週間単位で自分の企てた計画表に添って学習を進めます。コンフェランス（研究発表）については、長い期間にわたって家庭と協力して研究したものを発表するという、大がかりなものでした。

もちろん、小学校の卒業を充たす条件は、はっきりと決められていますから、それが達成できなければ卒業はできません。しかし、それまでの過程においては、子どもが選択し、計画し、学習するという子どもの意志に委ねられているのです。つまり、学校でどのように勉強していこうかと、子どもが自分自身の生活を作り、それを実行することができるのです。


三〜五歳クラスの生活はこんな具合です。

二〇人くらいのなかで、大きい子と小さい子がペアを組んで生活しています。まず朝登園すると、その日自分がしたい活動を表に書き込みます（絵画、造形、印刷、ごっこあそび等々の活動が表になっていて、子どもはそこに自分のシンボルマーク（名前の代わり）を書き込む）。その日の自分の過ごし方を自分で決めるわけです。

その後みんな揃って「朝の会」が行われます。子どもの司会者の進行により、一人ひとり順に話したいこと、伝えたいことを発表します。「昨日お母さんと買い物に行って……」とか、「今日は、おばあちゃんに作ってもらったお気に入りの服を着てきたの……」といった具合です。

それから、自然の中で外あそびです。フレネは幼児には子どものあらゆる要求に応えてくれる自然環境が必須と考えていました。それも、ただ自然が存在しているだけでなく、畑やさまざまな工

第2回けやの森学園　フレネ研修会　1997年8月21日

具を用意するなど、子どもたちが活動に熱中しやすくなるような環境づくりが大事にされています。一時間くらいの外あそびのあと、園に戻って、その日自分で決めた活動をします。

お昼は全校の子どもと教師で揃って食堂で食事をして、午後はアトリエの時間です。

一日の終わりに「帰りの会」がもたれます。その日の自分の活動を発表します。作った作品についても、子どもたちがそれぞれ友だちの作品について思ったこと感じたことを率直に言い合い、評価し合います。

そのほかに、フレネ教育の特徴を表すものに「イニシアチブ」と「学校協同組合」があります。「イニシアチブ」とは、奉仕活動とか当番・係活動みたいなことで、学校生活を心地よく過ごすために必要な仕事を子どもたち自身で行うことです。その際、与えられた仕事を義務として行うのではなく、自分たちの学校のため、みんなのために役立つことをすることは心地よい、楽しいこと、つまり、自分の意思で率先して行うことに「自治」の本質があるのだと考えています。

「学校協同組合」は、生徒の自治組織です。週一回全校生徒の話し合いがもたれて、自分たちで管理している基金の使い道の相談や、さまざま起こる問題について、そのことをどう考えるか、どう解決するかを子どもたち全員で話し合います。時には、先生や大人のあり方についても厳しい批判が出されることもあるようです。そこには、大人の考えを学ぶだけでなく、子どもたち自身で考える力をつけてほしい、戦争を止めることができなかったそれまでの大人たちを乗り越える力をつけてほしいという、フレネの願いも反映されているのだと思います。

自分たちで自分たちを「評価」する

特に感心したのは「評価」です。学習のプロセスを評価するのも子どもたち自身です。理解しているか、努力しているか、まわりに貢献しているかなど、常に互いに評価し合っています。教師は学習を進めるうえで、というより、一人ひとりの生活が円滑にいくように手助けをする立場です。問題がなぜ解けないのか、どこで間違ったのか、確認するのが教師の役割でした。個々人がそれぞれ自分の計画で学習を進めているので、何でも一人でできるよう、教材にはさまざまな工夫が凝らされていました。

個々の子どもの学習状況も評価も、クラスの誰もが知っています。「私はノートをこんなふうにまとめています。そして評価は○○にしました」とみんなの前で公表します。教師も評価しますが、子どもたち相互に他の子のやっていることに対して、認めたり助言し合うことが普通に行われています。一斉に同じ課題に取り組み、個々を評価するという日本のやり方とはまったく逆でした。お互いによく知り合っているから、わだかまりや不満はありません。ましてや、先生にだけよく思われようなどと考える必要はまったくないのです。評価はやさしくもあり、厳しくもあり、でした。どんな小さな行為も認めたり、励ましたりできる雰囲気があり、逆に、自分をアピールしたり、よく考えることの得意なフレネの子たちに厳しい忠告や助言の数々もありました。

しかし、それらがすっかり話し合われてしまうので、とてもサラリとして気持ちのよいものに感じられるのです。母親と教師の関係もそれと同様で、ノートの間に書き込まれた母親の感想や感謝のことばなどには余分なものがなく、とても自然な感じを受けました。ここでは「本音と建て前」を区別する必要がない、自分が開かれ、学校が開かれているから、安心と信頼とが生まれるのでしょう。

私たちの園でもこうした率直に評価し合う関係を作っていきたいと思うのですが、大人たちのところで苦労があります。

たとえば、子どもたち自身の判断にゆだねるペア決めのようにはっきりした結果が出るのを好みません。「私のペアになってほしい」と誰からも言ってもらえなかった子が出てしまうと、その子が傷つくのではないかとおそれるのです。

でも、けやの森学園では包み隠さずすべてオープンにして、子どもたち同士でよく話し合うことを基本にしています。そのプロセスの中で自分の短所に気づき、成長してほしいと願っています。

ですから、保護者にもありのままをおたよりで知らせています。

「○○ちゃんにはペアさんがつきましたが、××ちゃんには誰も来ませんでした。なぜ××ちゃんに誰も来なかったのか、みんなで話し合いました」。そのときの、子どもたちの発言も書きます。

すると、「よい経験になってよかった」と感謝される方もいる一方、「なんでうちの子をさらしものにするのだ」と怒る方もいます。

でも、子どもの世界ではみんなわかっていることです。それを前提にどうすればいいか真剣に話し合わないと成長が望めません。

そのときは、××ちゃんのお母さんには理解してもらえず、何度も抗議を受けました。しかし、その後その子の成長がはっきり見てとれたことで、三学期の最後の面談時にはすっかり様子が変わって、園の方針に理解を示してくれました。

欠点のない子はいないし、悪いことをしない子もいません。私たちだって欠点はありますし悪いことも考えます。それが普通ではないでしょうか。日本人はまずいことは隠したり取り繕ったりしがちですが、フレネ教育ではそういうこともきちんと明らかにして正しい方向に進めようと考えます。私たちもそうありたいと考えています。

自立を促す教師の役割

保育者・教師の役割については、フレネに研修に行った保育者の一人は次のような感想を持ちました。

「子どもたちは、それぞれ自分の決めた学習に個別でじっくり取り組んでいます。教師は、その一人ひとりの質問に『どうしてそう思うの？』『じゃ、思うことをやってみたら』という具合で、答えを伝えるのではなく、子どもに新しい道が開けるように助言していたのです。そこには、教師として、今、子どもが向かっていることに対して何を気づかせたいかがはっきりしていたのです。私は具体的な手法より、先生のその姿に感動を覚えました。

子どもの情熱や子どもの中にある欲求を最高のレベルまで導いていく援助や、子どもたちに失敗を恐れさせない強い信頼関係があることを感じました。これが子どもの主体的な生活づくりに欠かせない教師の援助だろうと確信して帰国したのでした。

保育者が子どもをうまく導けるようにするために、あらかじめ活動の予想を立て、準備をし、一緒に考えることができるようなことばかけを内に秘めておくのです。この子がこういう質問をしたらこう伝えてあげよう、それは、一人ひとりの子どもたちが生きいきと主体的に生活していくために今、向き合うべき教師の姿勢、けやの森の目指している教育理念と一致しているのだということがわかったような気がしました」と。

子どもは、一人でできることが一番うれしいのです。他人に頼ったり、人手を借りたり、助けられてできたことは、うれしさが半減します。でも、自分の力で成し遂げられたときの喜びは、本当に大きなものなのです。ですから、子どもに一人でやらせることが、一番大事なのです。「見ててあげるからやってごらん。困ったときは援助をしてあげるからやってみるんだよ」というふうに勇気づけることが必要なのだと思います。

もう一つ大事なのは、子どもを取り巻く大人が、細かい子どもの心のひだを読み取って、心の成長を感じながら次のステップを示してあげることです。「ここまできたから、次はこうしたら」とか「こんなふうに考えたから、この間は違ったんじゃないのかな?」などと指摘してあげると、子どもは「そうか、じゃあもっとやってみよう」、「あっ、この間こうやって間違えたから、今度はこういうふうにしてみよう」という工夫がわいてくるし、さらに、力を発揮するようになります。生きいきと子どもが生きていくということは、そこに至るまでの数えきれない人や物、文化との関わりから学び、自立していくということなのです。

人との関係にしても、子どもはよくケンカをしますが、ケンカにならないように保育をするのではなくて、ケンカを通して互いの主張の違いや性格の違い、思いの共通性などに気づいていく、つまり、子どもの中にどのような心情を育むのかの見通しを持って援助するのが保育者の役割です。

子ども同士で育ち合う

＊異年齢とペア

けやの森開園一〇年目の一九八七年に異年齢の関係を導入しました。以来、三、四、五歳の縦割りでの生活をずっとしてきたのですが、年長児の生活を見ていると、ペアになった子の世話をしながら、園生活の総仕上げとも言える年長の密度の濃い活動をおこなっていくには忙しすぎると考えて、三年前に年長は単独クラスにしました。学習意欲旺盛な年長の単独クラスは、担任と子どもたちが次々意欲を持って新しい課題を見つけ、3章で紹介したように年間を通して体験を活かした総合的活動と協同的な学びの展開という大きな実りがありました。

一学期は1歳児・2歳児（保育園児）、そして3歳児・4歳児（保育園児と幼稚園児）が異年齢の関わりを大切に日々の生活を送ります。朝の会や午前の活動を楽しみ、刺激を受けながら大好きな友だちもできていきます。二学期は秋のプレイデイ（親子参加型運動会）や生活作品展（絵画的造形的表現の発表）があり、同年齢の子どもたち中心の活動が主流なので、クラスの取り組みとして、それぞれの担任が子どもの育ちにあった教材を考えました。

そして三学期は、進級していくことを考え、2歳児が3歳児や4歳児と一緒に活動する日々も多くなります。スムーズに生活が流れるように配慮しながらクラスの組み合わせや取り組みも無理なく進めていきます。

この多様な関係においては、子どもたちの間に自然に生まれる思慕や、尊敬、責任などの感情が育ちます。大きい子は自分の生活を確立する中で、年下の子どもの存在を意識し、あたたかく時には厳しくリードします。年下の子どもも困ったときに助けてもらいながら、大きい子の行動をよく観察しているのです。互いに触発しながら学びあう関係です。実はこの異年齢の活動は、もたもたごたごたして無駄が多いのです。前に進む力をそいでしまう大きな原因でもあります。しかしそうした凹凸の生活の中でいろいろ学んでいくことがたくさんあるということが人間関係を学ぶ一番良い場所なのです。こういう考えのもと、長年異年齢の関わりや活動を推し進めてきました。

さらにもっと小さい関わりとしてペアという二人ないし三人の関係があります。入園や進級したての四月の生活の混乱期に、大きい子が保育者に代わって小さい子どもに寄りそい、懇切ていねいにこまごました生活のお世話をしたり、困っていることを解決してあげたり生活のあちこちでその力が発揮されます。だんだん慣れてくると、求められたときに一緒に考えていく存在として手を貸すばかりではなく、対応までも変えながらその責任を果たしていきます。

小さい子にとっては、頼もしい、ありがたい関係となりいつしか目標の人になっていきます。それが大きい子にとっても張りのある意欲的な生活に結びついてクラスの活力にもなっていきます。

＊子ども関係の育ち

入園当初は、ペアになった子同士ができるだけ深く関われるように、たびたびペアでやらなければならない作業を多くします。小さい子は、初めは何でも面倒をみてくれる人、あるいは自分に代わってやってくれる人を、やさしく頼もしいペアとして大きい子をみています。しかし一年の終わりに近づくと、そのペア観は少し変わってきます。ベタベタと関わるペアよりも、本当のことを伝えてくれる人、時には厳しく教えてくれる人、自分にだけでなく多くの人のことを考えて行動する人、新しいことを提案する人などを尊敬の眼差しでみるようになります。

子どもの中にも社会ができ、評価し合うことができるようになるのです。豊かな経験があれば、子どもだけでも困難を乗り越えるためにどうしたらいいか決定できるようになります。保育者は、大きな間違いがないよう補佐をするだけです。子どもたちで子どもたちの生活（社会）を作っていくことを意図しています。

新たに園で飼う小鳥をめぐって、こんなエピソードがありました。

小鳥の世話をどの子がやるかという話し合いです。それまでザリガニ当番をしていた子がザリガニ当番は他の子にやってもらい、自分は小鳥の世話に替わるといいました。

「じゃあ、いいよ。ザリガニ当番はほかにやる人がいるから、小鳥に替わっても」

ところが、その意見は、もう一つのクラスでは却下されてしまったのです。「小鳥は一日でもエサをやらないと死んでしまうよ。ザリガニのエサもちゃんとやっていないのに、責任もってやれるわけがないよ」

大人顔負けの鋭い批評眼にはいつも驚かされます。幼児でもきちんと洞察して、適切な判断ができるのです。先生が決めるのではなく、子どもたちが納得いくまで話し合って決めていくというプロセスを、大切にしたいと思っています。

幸せを実感する自己実現に向かう保育の構造

＊たっぷりの感動と表現する喜び

園での子どもたちの生活を主要な活動領域で分けて構造化したのが図1です。主として自然体験、表現、人間関係分野に関わる活動に分けてあります。その三つがあいまって、「生き生きとそれぞれに生き生きと」自己実現に向かっていく生活の主要素と考えています。図2は、そうした生活を過ごしながら、子どもたちはどのようにして幸せを実感していくか、その自己実現に向かう構造です。

自然の中でその美しさや偉大さ、厳しさ、ふしぎさなどを五感で感じる感動体験のそれ自体が子どもたちを幸せな気持ちにします。そして、子どもの得た感動に友だちや保育者は共感します。そ

図1

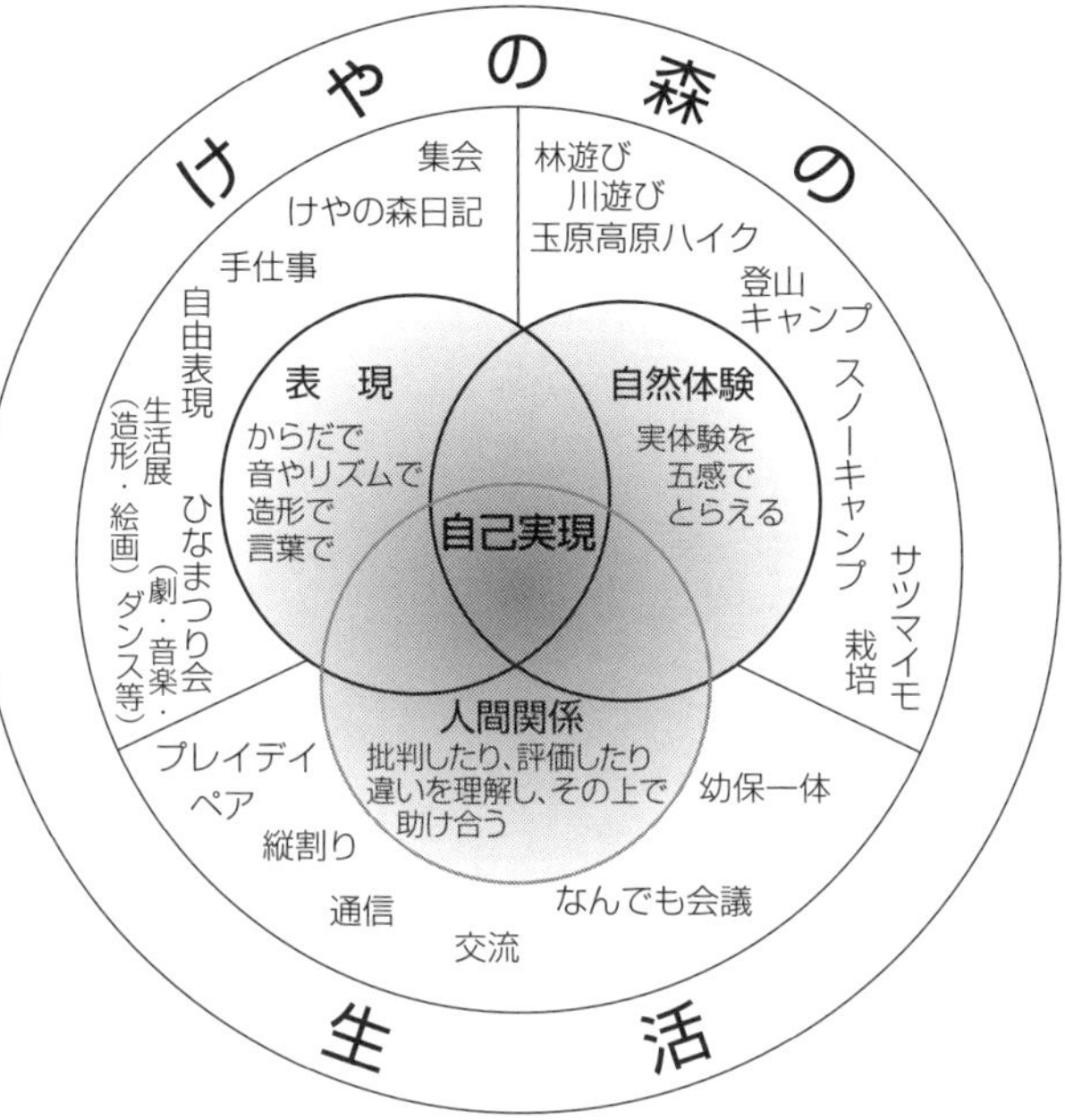

図2

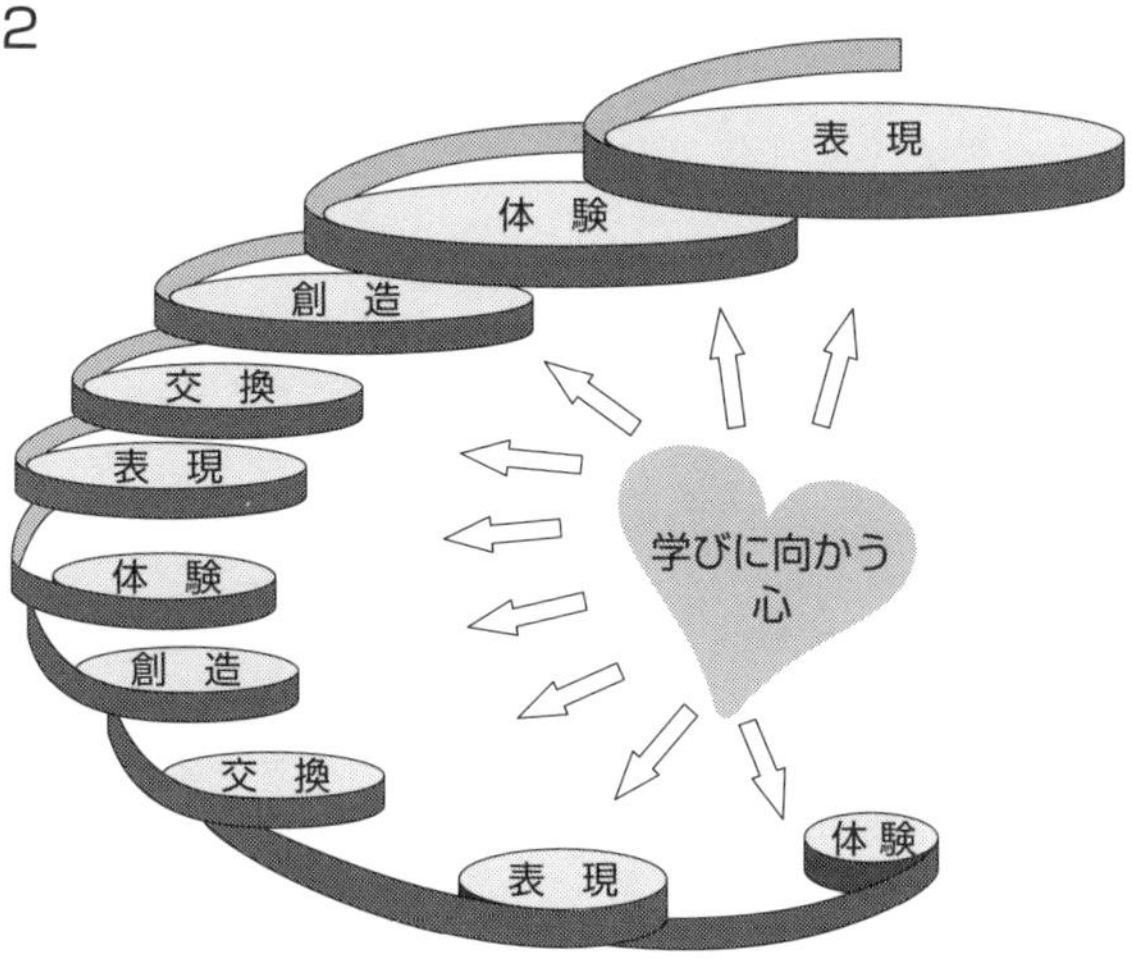

幸せを実感する自己実現の構造

①［体験］　自然や社会の事象にふれて
②［表現］　感じたことや考えたことをことばや行動に表し
③［交換］　伝え合い認め合って互いに工夫し
④［創造］　持てる力を生かして新しい生活を築く

して、互いの感動を交換します。

相手の感動を認め、自分の感動に共感してもらうと、子どもは心からすがすがしい思いに満たされ、充実感・満足感を得ます。そうした心の状態は、さらに新たな感動体験を求めて冒険心をかき立てていきます。目標に向かって挑戦して、挫折して、反省して、工夫して常に先にあるよりよい世界へと自分を押し上げていくのです。その過程が学びであり、完遂した結果が喜びとなって、子どもの心を豊かにするのです。人は豊かな気持ちを抱いたときほど幸せを感じることはないと思います。

*目的を持つ、計画を企てる力

けやの森学園では冬と初春に発表会を行います。冬は「生活発表会」といって主に造形的なものに取り組んで発表し、初春は「ひなまつり会」といい、舞台で歌やダンスや劇、手品など、自分で選んで、練習を重ねて発表します。

大きくなりたいと力いっぱい生活してくると子どもは、「お母さん、見て見て！」というように、何か表現したい、見てもらいたい、認めてもらいたい、と思うようになります。ですから、どちらの発表会も、自分の好きなもの、好きなことを発表するのです。

最年長になると生活展では、縫い物、織物、木工、金属を使ったものなど、いくつかのジャンルに分かれ、その中から自分の好きなもの、たとえば、ぬいぐるみの人形、さき織りで作るポシェット、林から切ってきた丸太を使った動物や汽車、針金で作るカナヘビ、銅版に釘で穴を開けて描いた恐竜などさまざまです（3章一三六頁参照）。

子どもたちの製作援助にはとても担任だけでは対応できないので、お母さん方にも先生のお手伝いとして子どもたちの作品づくりを支援してもらいます。子どもは何を作りたいのか、材料は何にするのか、どんな工程で作るのか、何日かけて作るのかなど、自分なりに考えをめぐらせて計画表を作り、その計画に従って製作を進めていきます。途中で仲間に報告したり、助言してもらったりしながら進めます。

側に先生やお母さんがついているので、どうしていいかわからなくなったり、手伝ってもらいたいときはお願いすることができます。好きなものを作るのですから、子どもは一生懸命考えますし、努力して自分のイメージを形にしていきます。担任は子どもの作品づくりがうまく進むように相談にのったり、必要なものを揃えたり、お手伝いをします。

ある時、あそんでばかりで計画通り進んでいない子がいました。クラスでの話し合いで、「自分で計画したんだから、仕上げようと努力すべきだ」ということになり、本人もそう思い直したのでしょう。最後の日は昼食も食べずに必死にがんばって仕上げていました。

また、原則、学期のはじまりと終わりに、子ども・親・担任で「三者面談」をおこないます。家での様子、園での様子を伝え合い、子どもの今の姿への共通理解をしながら、学期のはじまりには、たとえば、「『自分からあいさつする』は一学期にできるようになったので、二学期は『すすんで意見を言う』にする」など、子ども自身がその学期を迎えて個人的目標を持つようにします。三者はそれを意識して学期を過ごし、終わりにはどんなふうに達成できたかを話し合います。一〇～二〇分くらいの時間ですが、形式的な目標に流れないように気をつけて、子どもの自覚を大切にしています。

家庭と共に

家庭との信頼関係づくりは、保育の土台

私たち幼稚園・保育園の教育に携わるものにとって、実践の質を高めていく努力と同時に、保護者との信頼関係を深めていくことは、子どものよりよい育ちを支えるうえで、車の両輪のように大切なものとして、日々努めていかなければなりません。

しかし、保護者の要望に応えようとすればするほど、矛盾を感じるのも正直なところです。いつも行きあたるのは、子どものニーズと社会のニーズ（保護者の要望）とは合致しないということで

す。でも、その中で保育を進めていかなくてはなりません。常に私たちは、子どもの側に立って子どもの要求を満たし、子どもが自由に夢と希望をもって闊達に生きられる環境を作ってやりたいと思っています。ですから、保護者にはわかりやすくくり返し説明と説得をします。どんなに過酷な状況にあったとしても、その願いを失ったら「けやの森」はなくなってしまうと思うのです。

また、保育者と保護者の関係だけでなく、保護者同士の関係にしても、人付き合いにともなうわずらわしさを避けたい気持ちや、遠慮意識、苦手意識が先立って、仲よくなることがなかなかできにくいようです。加えて、孤立感が広がる中で、精神的に不安定な症状をきたす保護者も目立ってきています。

園と家庭との関係や大人同士の関係がどうあったらいいのか、けやの森でも試行錯誤の連続ですが、私たちはとりわけ次の二つのことを大事にして取り組んできています。

一つは、園の理念や取り組みに対する理解と共感を得るための努力を、さまざまな機会を捉えて積極的に行うことです。特に、子どもの捉え方の一致を重視しています。もちろん、私たちの側からは家庭の実情やお母さんお父さんたちの願いや思いを理解するように力を注ぎます。

二つ目は、問題が生じたらまずは率直に話し合うことです。人間関係にさまざまな問題が生じるのは当然です。それを避けたり、蓋をしないで、お互いの胸の内を明かすことで理解し合うことです。ちょっとした勇気が必要ですが、そうすれば、自ずと道が開けます。

教育観・子ども観を共有する

けやの森は、自然体験活動を土台にした、「生きる力を育む自然の教育」をはっきりと理念に掲げているので、入園される方も大筋ではこの園の理念を承知していますし、また、賛同してくれている方が大部分です。しかし、その中味についての理解は保護者によってさまざまです。

園の理念への共感や信頼感は、実際の我が子の育ちゆく姿を通してしか生まれてきません。日頃の生活や活動の中で、子どもたちがどのような育ちの姿を見せるようになってきているのか、懇談会や報告会、おたよりなどを通してそのつどていねいに伝えるようにします。

春・秋のプレイデイ、生活作品展、ひなまつり会などは保護者が子どもの成長した姿を直接確認できる大切な機会です。保育を伝えるとき、私たちは「子どもへのまなざしと捉え方」に注意をそそぎます。保護者はどうしても子どもたちが何ができるようになったか、何ができないかという、目に見える姿に関心が向きがちです。大事なことは、目に見えないところを伝えることです。「自分の考えを持ち、表現できる力」「自分で課題を持ってそこに向かって努力する力」「心地よい生活を自分たちで作る力」「友だちを思う力」「学びへの意欲を持ち続ける力」などなど、「生き生きと生きる力」がどの程度育まれているのかどうか、ということです。

＊体験・参加してもらうのが一番

自然の持つ教育性は、ことばではなかなか理解できません。すでにご自身の育ちの過程で自然体験がなくなってきている現在の親たちには、実際に自然体験をしていただくのが一番です。けやきの森では、子どもたちの活動にお父さんお母さんも参加して体験を共有し、それを学びにしてもらっています。ですから、野菜作りも山登りも子どもたちと一緒です。

林の中の広場に新しくテーブルとベンチを作るお父さんたち

畑係のお母さんたち

地域の人びとにも定着した「もみじまつり」

お母さんたちがおこなう係活動もあります。これには、フレネ教育に学んだところが活かされています。わずかですが園が活動費を出し、それを資金にして、子どもたちにとっていい環境づくりに役立ち、お母さんたち自身にとっても喜びになり楽しんで取り組めるような活動をしてもらうのです。図書係、畑の係、裁縫係、料理係、環境整備係などが設けてあり、お母さんたち自身で目標を考え、計画を立て、共同作業で、和気あいあいとやっています。リーダー会では諸々出てくる問題が話し合われ、他の係の様子から学ぶこともたくさんあります。共同して活動することでお互いの理解がすすみ、特技や知恵を出し合う中でとどまるところを知らないくらいパワーが発揮されていきました。園を超えて地域との交流も考えるようになり、「ふれあいマーケット」がはじまり、さらには、明光寺や地域の人びとを巻き込んで、現在では「もみじまつり」という地域の行事に発展しています。

また、お父さんたちには川あそびの際のサポート要員として、あるいは、林の伐採や管理、林に作った滑り台や縄ばしごなどの遊具の作り直し等々、たくさんの仕事に力を貸してもらっています。消防士や警察官の方もいれば、お医者さんもいて、中には仕事で使う重機を持ってきて作業をしてくれるお父さんもおられます。

このような活動を通して、お父さんやお母さん同士の交流が深まり、子育ての苦労や楽しみを分かち合っていただければと思っています。

家庭が安定してこそ

幼い子どもにとって最大の環境は家庭です。以前、家庭と園の関わりについてインタビューを受けたときに、私は次のような話をしました。

お父さんは社会に出ていて経験も豊かです。家庭内でもリーダーシップを取ってうまくまとめていただければいいのですが、お父さんの多くは働きづめで余裕がありません。そのため、お母さんが家事や育児を一手に引き受けるハメになり、疲労困ぱいとなり、あげくは、夫婦仲がギスギスして子どもが不安定になる、というのがお決まりのパターンです。

子どもに問題が出たときは、お母さんだけではなくお父さんも園に来ていただくようにしています。お父さんがお母さんをサポートしてくれないと、問題が解決しないからです。夜でも土曜日でもいいですからと言うと、我が子かわいさにたいていのお父さんは来てくださいます。

こんな例がありました。

保育園に通うその子は表情が暗く、何かにつけて暴力を振るうところがありました。両親はともにフルタイムで働いています。そのうえ、お母さんはソフトボールの選手で、休みの日も試合に出かけたり、ボランティアでよその子どもを指導したりと大忙しです。

私はまずお父さんを呼び出してお願いしました。

「お母さんがもう少しお子さんと関わってくれるとずいぶんちがうと思うのですが、家族そろって一緒にご飯を食べたりお風呂に入ったりする時間をもっと作れないでしょうか？　お母さんにそうお願いするつもりなので、お父さんもバックアップしてあげてください」

「わかりました。二人で話し合ってみます」

お父さんが協力を約束してくれたので、お母さんにもお願いしました。私たちも引き続き子どもに働きかけていき、様子を見守ることにしたのです。

目に見えてすぐに子どもが変わってきたわけではないのですが、少しでもお友だちと仲よくできたときには、その子をほめるとともに、両親に報告するようにしました。

「今日はみんなと仲よくウサギのお世話をしましたよ」

「このごろは乱暴しないで、言いたいことはちゃんとことばで伝えられるようになりましたよ」

努力が少しずつ実ってきたのがわかると、両親もうれしくてやる気が持続します。お母さんはできるだけ子どもとふれあえるようにスケジュールを調整し、お父さんも積極的に家事や育児を手伝いました。家庭での生活が安定してきました。運動が得意な子だったので運動会でのがんばりや、「ひなまつり会」の表現発表でも、みんながすごいと認めるほど、跳び箱七段をいともかんたんに跳んで、自信も芽生えてきたようです。やさしさと笑顔がでるようになってきました。

また、どうしてもお友だちとうまくコミュニケーションを取れない子もいました。みんなと一緒に行動するのが苦手で、友だちもできません。いつもまわりの様子をながめているだけです。

両親を呼んでアドバイスしたのですが、すぐに元の木阿弥になってしまいます。お母さんが困って相談にみえました。

「相変わらずうちの子はちっとも言うことを聞かないんです。どうしたらいいでしょうか?」

「おうちでは、お母さんはどんなふうになさってるの?」

「家に帰ったら晩御飯を作らなくちゃいけないから、息子にはゲームをやっててもらいます。用意ができたら、好きなものを買ってあげるからとか、あそこに連れていってあげるからとか言って、なんとかゲームをやめさせて、食べさせるんです」

「何か買ってあげるとか連れてってあげるとか、何かで釣って言うことを聞かせるのはよくないわね。もう理屈がわかるんだからきちんと言い聞かせないと」

そのお母さんは自分が厳格な家庭で育ったから、子どもには好きなようにさせてやりたいというのです。でも、物で釣ったり、好き放題にさせるのはちょっと違います。

「お父さんはどうなさってるの?」

「主人は仕事が終わると、空手をやりに行きます」

「○○ちゃんを一緒に連れていってもらったら?」

「うーん……」

「そういう話をお父さんとちゃんとしてるの？」

「ほとんどしないですね」

お父さんは朝早く出勤して、空手をして夜遅く帰ってくるそうです。そのため、夫婦の会話もあまりありません。それが子どもに悪影響を与えているのは間違いありません。

「まず、お父さんとお母さんが、○○ちゃんときちんとコミュニケーションをとれるようにしないといけないわね。今きちんと子どもと向き合わないで、しょうがない、しょうがないで見過ごしていると、あとで大変なことになりますよ」

「そうですね……」

「お父さんが一番悪いかな。父親として家族のことをしっかり考えてもらわないとね。私がそう言っていたとお父さんに伝えて、一度きちんと話し合ってみてください」

それまでは、お父さんに何を言っても無駄だと思っていたようです。お父さんも真剣に耳を傾けることはなかったのでしょう。でも、さすがに園長からのことばは無視できなかったらしく、二人で話し合ったそうです。

それから少しずつお父さんは変わりはじめたのです。土曜日のカヌーや園の行事に、家族で出てくるようになりました。ほとんど顔を見せなかった父の会にも参加するようになったのです。こうなると、担任や私がお父さんに声をかける機会も多くなります。

「○○ちゃんは、このごろこんなことを言うようになったんですよ」

「昨日はみんなとあそんでニコニコしていましたよ」

お父さんは、はにかみながらもうれしそうでした。

私はお父さんをキャンプに誘いました。当日、「お父さん、手伝ってください」と言っても振り向いてくれません。

「〇〇ちゃんのお父さん、いけすからマスをいっぱい入れたバケツを運ばなくちゃいけないんです。重いし転んだら大変なことになるから手伝ってください」

子どもの名前で呼びかけるとやっと自分のことだと気づくのです。どうも、お父さん自身がコミュニケーションが苦手で、それが子どもにも引き継がれたのかもしれません。

お父さんも、ようやくそれに気づいて子どものために努力しはじめました。やはり子どもがかわいいのです。それだけでももう十分です。

両親が変わり家庭の雰囲気が安定してくると、子どもは急に変わっていきます。その子もしだいに友だちと楽しくあそべるようになりました。

いつもこんなふうにご両親が聞き入れてくださるわけではありませんが、子どものことを考えたら、どんな方にも決してあきらめずに働きかけていくのが私たちの役割だと思っています。

問題が起きたらすぐに話し合う

二〇〇三年に同じ園舎内にけやの森保育園を開設しました。

当初お母さんたちは「保育レベルが下がる」と反対でしたが、これまでと同じ保育をするからと約束して、保育園は三歳未満児一〇人、三歳以上児一〇人で出発しました。その代わり、幼稚園と保育園が一緒になることで、幼稚園にもメリットをと考えて、給食を出すことにしました。一日はお弁当にして、あとの四日は給食にしたらお母さんたちは大喜びです。

保育園のお母さんたちは働いているので、これまで幼稚園のお母さんたちが行っていた園へのボランティア活動や係活動などにはなかなか参加できません。運動会のペンダントづくりを保育園の子の分も幼稚園のお母さんにお願いしましたが、「保育園のお母さんたちは何でやらないの」という声が当然あがります。

保育園の父母ができることとできないことを配慮して振り分けていたのですが、それに対して保育園の父母からは「それは違う。情報は同じに流してほしい」と言われました。

しかし実際には、幼稚園と保育園のお母さんでは、登降園の時間帯が合わないので、交流もままなりません。これまでのお母さん方のさまざまな活動も日中に行われていたので、どんどん溝が深まっていきました。思案のうえ私は、お父さんたちを頼ることにしました。

保育園をはじめるときに、それまでお母さんたちのおしゃべりと調理実習をする場としてあった所を給食室にしてしまったので、お父さん方に「キッチンハウスを作ってください」とお願いしました。ちょうど工務店をやられている保護者がおられたので、相談すると「何とかやってみましょう」と引き受けてくださり、皆さんに呼びかけたら幼稚園・保育園あわせて三十数名のお父さんたちが参加してくれました。基礎と土台は専門家に頼んだのですが、あとはみんなお父さん方の力でりっぱなキッチンハウスができ上がりました。

完成祝いにみんなで一杯やろうということになり、当日は保育園の父母も赤ちゃん抱いて集まってくれました。両方の父母が一同に会してとても盛り上がり、「これはいいからキャンプにつなげよう」と言うことになり、翌年からずっと父親主催のキャンプが続くことになります。その日はお父さんたちが毎年ハヤシライスを作ってくれるのです。そのハヤシライスを子どもとお母さんたちが食べて、子どもを園舎で寝かしたあと、大人たちはビールで乾杯。子育てのこと、仕事のこと、もろもろお父さんお母さん職員が混じり合って歓談です。バズセッションをやったりゲームをやったりもして大人たちが仲よくなるようにいろいろお父さんたちが企画してくれました。

それでやっとお母さんたちの誤解やわだかまりも溶けてきました。保育園のお母さんたちも自分たちも何かお手伝いをしたいと思っているのだということがわかって、土曜お手伝い係になって駐車場をきれいにしてくれたり、花壇のお花の手入れをしてくれたりと、幼稚園のお母さんと保育園のお母さんが子どもたちの生活にいい環境を作るために協力しようということになっていきました。

それまでは懇談会を昼間と夜とで分けてやっていたのですが、この土曜日だけは幼保全員でやることにしました。また、ときには夜に行ったり、お父さんたちだけの会合を持ったりして、やがて「父の会」も発足して、さまざまな形で園の援助をしていただけるようになっていったのです。

保護者に支えられて　そして、これから

こうして、園の運営にも保護者の手を借り、また、胸襟を開いて率直に話し合うことを続けてくることで、私たちの願いや思いは確実に保護者の方々の心に届いているようです。卒園文集にはこんなことばがたくさん寄せられます。


けやの森といって思い浮かぶのは……「体験」。

異年齢の子と組むペアさん、気候が良くなると林あそび、虫探し、富士登山、作品展、二泊のスキーキャンプ、大舞台でのひな祭り会、雪が降ればそりあそび。夏は毎日のように水あそびと、家庭ではなかなかさせてあげられない体験をこれでもか！　という程味わわせてくれる。

子供たちは、体験を通して、五感で感じ、うれしい、楽しい、悲しい、悔しい、つらいとさまざまな気持ちを味わってきただろう。

しかし体験後の子供は、意外とクールで多くを語らず、毎日の生活に戻っていく……。

えっ感想はそれだけ!?　もっと話を聞かせて!　と子供より興奮している自分がいる。そんなことを毎年くり返してきて思うことは、親はそれらの体験が生かされ、その子らしい花を咲かせる日をじーっと待つしかないのかなと。もしかしたら、花が咲くのはずっーーーーーーと先かもしれない。そんな日がいつか来ること楽しみに、子供たちと過ごしていけたらなと思ってる。

子供たちの毎日がより豊かな生活になるよう、愛情とエネルギーをたくさん注いでくださった朝代先生をはじめ、先生方、スタッフの皆様本当にありがとうございました。心より感謝申し上げます。

年中から入園し、最初は親子共々不安いっぱいでした。

自分からけやの森に入れたい!　と思ったくせに、最初は行事の多さと親が関わることの多さに、面倒だな……と思ったりもしました。

ですが、不安は先生と話したら解消され、親の関わる行事はいろいろなお母さんが声をかけてくれたので、いつの間にか楽しい!　と思うようになりました。

先生方はいつも一生懸命で、けやの森の方針も園と関わっていく中で、そういうことだったのか……と、わかるようになってきました。娘も入園当初に比べたら、すごく成長したなと本当に実感しています。

あきらめないで何かをやり遂げる楽しさ、人の気持ちを考える大切さ、あげたらキリがないくらいです。

同時に、自分自身も母親として成長したかなと思います。想い出がたくさんの貴重な二年間でした。
本当にありがとうございました。

父母からのこうしたことばは、私たちをこのうえなく励まし、自分たちの仕事の意義を改めて感じさせてくれます。

しかし、これからのことを考えたとき、大きな課題があるのも事実です。開園以来幼稚園は認可を得ずに運営してきています。一〇年前、園児の減少で先行きに不安が出てきたとき、市からのすすめもあって認可保育園を併設しましたが、財政的には毎年大変なのは事実です。加えて本書を読まれてきっとどなたも感じられたと思いますが、職員の多忙さは事実で、急ぎ改善しなければならない状況です。

豊かな本物の自然が、この時代に生きる子どもたちにとっていかにかけがえのない「教師」であるかということを、私たちは確信しています。ただ、自然体験活動には万全の準備とたくさんの人手がいります。そのほか、林の管理や地域に向けた行事、園主催の研修会等々、保護者のサポートがあるとはいえ、職員の負担は正直とても大きいものがあります。園運営に関する職員研修に来てもらったコンサルタントは、「社会的に見て給料などの待遇が多少低くても、けやの森のように仕事に対する誇りややりがいを職員の方がしっかり持てていることが、組織として大事なことだ」と強調されていましたが、職員みんなが健康で安心して働き続けられるために、経営の改善と仕事の改善が迫られています。

家計がどんどん厳しくなっているなかでは、月謝の値上げは避けたいし、かといって職員の待遇もよくしたいし、これまでの保育も守りたい。これは矛盾に違いないのですが、認可取得も視野に入れながら、何年か先を見通した経営計画を立てる必要を感じているところです。

また、保育実践は合理化・マニュアル化することはできませんが、付随するさまざまな業務は合理化・マニュアル化することで、忙しさの改善につながるので、今、職員全員で仕事の見直しをはじめたところです。園長やベテラン職員はこれまでの歴史や実践の積み重ねを踏まえているので、何か新しい取り組みをはじめるときでもその意義や必要性がよくわかるのですが、若い職員の中にはその理解が同じではない人もおり、「やらなければならないもの」として受けとめ、多忙感や負担感が増していくということもあると思います。「生き生きとそれぞれに生き生きと」と子どもたちに願うのと同じように、私たち大人もそうなれるための組織運営と研修の充実を図り、大人たちの育ち合う関係づくりを、今以上に求めていきたいと思っています。

＊究極の子育て

究極の子育てとは、津波で引き裂かれた時の親子を想像すれば、すぐにわかることです。

子どもに伝えておかなければいけない最も大切なものは何でしょう。それは生きるということです。如何に生きるか。それは、幸せに生きるということでしょう。如何に幸せに生きるか。それは、自分のありったけの力を社会に生かすということでしょう。

いつか、子どもが必要としたら、その時こそ幸せに生きるための智慧を授けてやりたい。愛情をもって自信のある自分のことばで伝えてやりたい。信頼できる人間がいること、楽しい社会があること、将来は希望があるということ、生きがいはあるということ、そういったことをどんな状況であっても伝えていきたいと思います。

「あなたの好きなことを、勇気を出して一生懸命おやりなさい。いつかきっと幸せの形がみえてきますよ」と、ことばだけでなく、身をもって伝えていきたいと思います。いや、伝え続けなければいけないと強く思っています。

〈参考資料〉一九九六年八月二二日「第二回けやの森学園　公開保育とフレネ研修会」（於：けやの森学園）における、フレネ教育研究団体（ICEM）元委員長ミシェル・バレ氏の講演より抜粋）

◆フレネ教育法を考える　ミシェル・バレ

（前略）フランスのテレビが日本の幼稚園で取材したリポートでは、よりよい学校に進学できるように六歳以下の子どもが、まるで軍事的な兵士訓練に類するような教育を受けているなど、たいていは極端な報道である。その中で特に印象に残ったのは、大人のような忍耐力を鍛えるために、子どもをパンツ一丁で雪の中を歩かせた場面である。フレネ氏はかつて子どもたちを過保護にしないようにという指導を行っていたからである。

開校当時、フレネ学校は寄宿舎制度であった。朝の起床後、子どもたちはプールにザブンと潜ってから走り、自分のベッドにもぐり込むということを行っていた。これは、ショックフルワ（寒冷ショック）と名付けられていた。（暖かい）プロバンス地方と雪の降る日本の気候の違いもさることながら、特にショックだったのは、それを見守る教師たちが防寒着でぬくぬくとしていたことである。フレネ氏が、プロバンス地方でもまれな雪の中に転がることが子どもたちのためになると判断したならば、言うまでもなく、共に教師たちもまた生徒と同じ格好で取り組んだであろう。第一の教育理念は、子どもたちに良いと主張する時には教師自らが行なうということである。

●子どもは、如何なる年齢でも本質は大人と変わりはない

だいたいの大人たちは、子どもたちは大人への成長段階にあると見なしがちである。この段階を早めに終わらせようと急ぐあまり、競争に奔走させる。または、子どもは大人と別格だと区切ってしまう。

フレネ氏は、人間の成長の時期を区切ることを否定した。弱者へ手を差し伸べるということは当然だが、世の中の暴力や無知や飢え等の根本的な問題を解決せずして子どもたちを守ろうという大人たちの発想は、偽善でしかないのである。

フレネ氏は、子どもを大人と別格に扱うことを否定する故に、総体的な社会的解放のためになくてはならない教育方針を含む全体的な社会権利の主張と、子どもたちが持つ教育決定に参加する権利の尊重という二つの理念を重視した。その二つの要素に基づき、子どもの自立と周りの社会とのコミュニケーションを重視した。保護を理由に子どもたちを社会から切り離してはならない。

●習得の総括性の尊重

フレネは、概念的価値観だけを育んで、感性と感動を軽んじる保守的な教育制度を批判していた。一方、最近盛んに言われている脳の開発で、最新データを取り入れた感性の訓練へ走る者もいるが、それも一貫した人間性を分けるのはおかしなことである。感性によって知ること、また感動の上での絆は、理論やことばと同様に概念的な習得と行動には必要不可欠なものである。感性と理論の相互関係からくる調和が大切である。だから集団の内外で、自己表現のあらゆる形態とコミュニケーションが必要なのである。

ボディービルダーは、調和を保った健康なからだ作りより、理想的（?）な肉体美に近付けようと、無理に筋肉を部分的に膨らませる。子どもの中の一部の可能性だけを育てようとする教育は、まるでボディービルディングを思い起こさせる。

さて、二つの教育概念の違いをあげてみよう。あらゆる学校の勉強に於て、子どもたちはあらかじめ設定された課題の指導要領を忠実に守りながらいっせいに行動することを求められる。ほとんどの子どもたちは、提供された課題を指示通り完成できるが、そこで何を子どもたちは学んだか……？　ただ課せられた指示を守ることだけである。完全に無駄とは言えないが、教育の次元では実りが乏しい。

ところが同じ課題において、子ども一人ひとりに自らの企画を、ぼんやりながらもイメージさせ、さまざまな材料の中にふさわしい物を選択させる。さらに選んだ材料や制作過程で新たな発想を加えて企画を調整させ、補わせ、創作活動に入らせる。すると、制作途中に手助けの必要性が出てきたり、完成が遅れることもありうるが、多彩な完成作品の前での子ども同士のディスカッションは、一人ひとりの子どもに新しい創作とさらなる探求へと発展させる。子どもたちは、その過程で何を学び取ったであろうか？　創造すること、素材との戦い、友だちとのやりとりや分かち合いは、ただ真似ることではなく、むしろ自らのプランをより充実させるものである。すぐに成果が上がらなくても、この教育方法の豊かさは一目瞭然である。先生は、子どものプランに関わる諸問題を代わりに解決しなくても、ハードルに阻まれる子どもを一人も残さず導くのが役割である。

●人間性の成長は生きたプロセスであり、その萌芽は各自の奥に潜む

人間性の成長は先天的なものということではない。人間性の成長は、社会環境に深く根を張るものであり、その環境から引き離しては発展は成されないものである。子どもが学ぶべきことを不自然に接ぎ木し、その子の持つ芽を軽んじる教育者が多すぎる。この状況の中で拒絶反応と失敗が起こりうるのは当然ではないだろうか?

フレネが自由表現のあらゆる形態を重視していたのは、社会環境(友達)とのコミュニケーションの中でこそ素質を伸ばしたり、広げることができると考えたからである。無駄な干渉よりも教育環境に変化を起し、調整したほうが、より子どもたちの自由な発達を最大限に伸ばすことができるからだ。

●模倣と従順よりイニシアチブと責任のある率先参加

多くの教育者は、素直に集団に従うように子どもを躾けることが自分の主な役割だと信じている。しかしこれが精神鍛錬を意味するならば、人類の理想像は羊の群れにあるだろう。ただし忘れてはならないのは、群れの中にコントロールのできない動きもあり、破局へと展開することもあろう。

自発的イニシアチブという教育法を取り入れると、子どもは、他の子どもたちにただ従うというより各自が機転を利かせたり、自主的に率先参加するようになる。この教育法では、クラス内の刺激を受けて、消極的な子どもは仲間外れにならずに自分で選択する責任が常にある。やがて消極的な子どもは、はにかみながらもイニシアチブをとりはじめる。気ままで信念のない子どもは、その

プロジェクトをやりぬくための意思を自分の中に自ら見つけるようになる。各自が自由に選んだ活動の中にその個性のすべてを表現できるようになることに気がつく。

精神鍛練の観点からも現実に勝る教育素材はない。だだをこねて大人を自分の思うままに動かしていたある子どもは、小さい舟を作りたかった。材料と道具の扱い方について、他人の意見に耳を貸さない彼は、なかなか思うようにならない材料に悲鳴をあげたり、癇癪を起こしていた。材料や道具には人間に及ばぬ忍耐力と持久力がはるかにある。そこでその子は、材料や道具を思うままに使いこなすためには、それらの法則に従っていかなければならないことを体得した。大人の法則に妥協するのではなく、現実に従うことで目的の成果を上げられるのだ。

●溢れるバーチャルリアリティーに対応するには、現実の中にしっかりと根を下ろすしかない

バーチャルリアリティーは、我々の環境を侵略するあまり、現実と虚実の境を不確かなものとする。故フレネ氏は我々に新しい可能性をもたらす最先端技術を否定はしないであろう。数学、力学、地理学、考古学などあらゆる分野で応用されているバーチャルリアリティーの進展が予測される。ともかくも最先端技術の導入の際に、さらなる可能性を発展させるには、まず知識を確実に習得せねばならない。

子どもは、現実世界の豊富な体験の中でこそ、バーチャルリアリティーを健全に受け入れられるものである。幼いころから一三歳までを豊かな自然に包まれた村で過ごしたフレネ氏が、電子的な箱を住処にしたバーチャル動物が起こした熱狂を目の前にしたら唖然としたであろう。これはまさ

に生きた動物との絆の根源を歪めている。やがてこの先は、バーチャル的夫婦が電子的存在の子どもを育てるようになるだろう。すると現実から離れたような狂った人生の極致に至るのではないか。難しい環境であるかもしれないが、種の発芽、卵の成長など、動植物の成長過程を子どもたちに実体験させることはなによりも大切である。生物は、所有物でもたんなるおもちゃでもない。

●社会化は、早過ぎることはない

まず社会化の意味について説明する。社会化とは、集団におとなしく従っていくことに個人を馴らすことではない。それでは、教育よりむしろ訓練のたぐいに入る。ただ従うだけでは、何も集団にもたらさない。子どもを社会化させるとは、集団の営みに参加するうえで、自ら何を集団にもたらせるかについて認識させることである。一人ひとりの個性を育てるとは、他人を犠牲に個人主義を丸出しにさせることではなく、集団的なビジョンにまで発展させることを言う。クラス運営に関係する共同的決議の過程に子どもを参加させることは早いほどよい。

各々のイニシアチブを最も生かす条件が満たされなくとも、個人的にも集団的なレベルでも選択の余地を図れるように配慮することが大切である。選択思考の教育の重要性は、一般には軽んじられている。選択するということは、個人の自由を表現するということだけではない。忘れがちなことは、選択のうえで選ばなかった物に対する一時的な諦めが生じるフラストレーションを受け入れるということでもある。後者のほうは、精神向上にきわめて建設的である。

かつて私の妻が運営していた保育園の給食では、デザートの選択制度を導入していた。たとえば、ケーキが出た日には、いくつかのケーキの間で選択をし、果物が出た日には、その中で選択をする。全部もらいたい子どももいたが、その時、顔に出た心の中の葛藤は見る価値があった。熟慮したうえで、一時的に欲望を絶ちながら選択する。こうした教育は、みな平等に決められたケーキや果物を配る制度のなかには不可能である。学校生活を通して、いくつかの活動において、集団でも個人でも選択の必要性に度々出会うことが大切である。

イニシアチブや自己表現、協力上のやり取りなどに基づいた教育は、自分を流れに任せる者より、自己責任と連帯責任を負う人間を養うであろう。この選択は、二一世紀の社会に向かう我々の決定的な選択であろう。

＊ミシェル・バレ略歴：生前のフレネ氏と共にフレネ学校で教師として働いた。フレネ教育研究団体（ICEM）の委員長を一五年間勤める（一九六七～一九八二年）。フレネ教育で用いられている「勉強文庫」シリーズの編集責任者。国立教育博物館フレネ教育資料室長を歴任。伝記『今日に生きるフレネ』の著者。

※この文章は、J・Y・ベッソン氏の翻訳をもとに、一部変えさせていただきました。

佐藤　朝代（さとう　あさよ）　（編者・４章担当）

東京女子体育大学卒業
緑が丘学園短期大学、東京女子体育大学講師を経て1977年けやの森学園幼稚舎を夫とともに設立。1992年けやの森自然塾を設立。1999年ＮＰＯ法人けやの森自然塾として埼玉県より認証を受け、理事長に就任。2003年けやの森保育園開設、園長に就任、現在に至る

石井　佐恵美（いしい　さえみ）　（１章担当）

東京女子体育短期大学児童教育学科卒業
開園２年目から４年間勤務し、結婚退職。その後、子育てをしながら未就園児クラスを９年間担当。その後は統括主任としてけやの森の実践をまとめ、2013年度よりけやの森保育園副園長として現在に至る

佐藤　芙美子（さとう　ふみこ）　（２章、３章担当）

東京家政大学児童学科卒業
2007年よりけやの森学園に勤務。保育主任として保育に携わり現在に至る

写真提供／丸橋ユキ・内野昌亮・木﨑芳雄
見返しイラストマップ／内藤サチ
装幀／やまだみちひろ
装画／おのでらえいこ

生きる力を育む自然の教育
幼児にいっぱいの感動と表現する喜びを

2013年11月15日　初版発行

編著者　佐藤朝代
発行者　名古屋研一

発行所　㈱ひとなる書房
東京都文京区本郷2-17-13
TEL 03（3811）1372
FAX 03（3811）1383
E-mail：hitonaru@alles.or.jp

印刷・製本／中央精版印刷株式会社　組版／リュウズ

調理室・食堂
学童室
多目的ルーム
明光寺　本堂
レイシュウホール